18 **ANTHOLOGIE FRANÇOISE OU CHANSONS CHOISIES** (par **Monet**) depuis le XIIIe siècle jusqu'à présent. Paris, 1763, 3 vol. — **CHANSONS JOYEUSES**, mises au jour par un an-onyme o nissime (Collé). A Paris, à Londres et à Ispahan (1765), 2 part. en 1 vol. Ensemble 4 tomes en 2 vol. in-8, rel. époque veau mouch.. dos unis décorés de fil. et fleur. dor., tit. et tom. s. mar. rouge et brun, tr. marbr .... **500 Fr.**

Ex. bien complet de la 4e partie, orné d'un **portrait par Cochin** gravé par St-Aubin, de **4 fig. par Gravelot** gravées par Lemire et Née, nombreuses pp. de musique notée. Le 4e tome contient en outre 16 pp. de **musique gravée** ainsi qu'un **titre-frontispice** pour la 2e partie. Cohen, 723-724.

C. N. Cochin del.

Aug. de St. Aubin Sculp. 1766.

ANTHOLOGIE
FRANÇOISE,
OU
CHANSONS CHOISIES,

Depuis le 13e Siècle jusqu'à présent.

Tantus amor Florum. GEORG. IV.

TOME I.

M. DCC. LXV.

AVERTISSEMENT.

LE Titre d'ANTHOLOGIE FRAN-
ÇOISE donné à ce Recueil de Chansons,
n'est point une affectation érudite qui seroit au moins déplacée dans un Ouvrage
de cette nature. Le mot d'Anthologie,
(littéralement Discours des Fleurs),
emporte l'idée d'une Collection ou d'un
Choix de ces légeres productions d'esprit, regardées de tout tems comme les
Fleurs du Parnasse : & quelles sortes
de productions méritent mieux ce nom
de Fleurs, que d'agréables Chansons ?

En formant le nouveau Choix qu'on
offre au Public, on a eu deux objets
suffisamment indiqués par le Prospec-
tus, qu'on a eu soin de répandre : 1°.
de donner une suite de Chansons depuis
les commencemens de notre Poésie, pour
en faire observer les progrès & les différens caracteres sous les principales époques ; 2°. de présenter un Tableau du
Génie Chansonnier de la Nation, où
fut à peu près rassemblé ce qu'on a pû

trouver de mieux en chaque genre.

Pour suppléer à ce qu'on pourroit desirer par rapport au premier objet, on a mis à la tête du Recueil une Histoire abrégée de la Chanson.

Quant au second objet, on ne se flate point d'avoir concilié tous les goûts. Beaucoup de gens regretteront de ne pas trouver ici des Chansons qui font l'amusement de leurs sociétés, & qui toucheroient foiblement les autres, parce que souvent leur succès n'est dû qu'aux circonstances qui les ont fait naître, quelquefois au seul agrément de l'Air, ou à l'art de ceux qui les chantent. Mais, comme on s'est astreint à ne point excéder le nombre de trois volumes, on s'est déterminé dans le choix des Chansons par le goût le plus général. C'est par la même raison qu'on a crû devoir retrancher dans plusieurs Chansons les Couplets languissans ou foibles qui les allongoient inutilement.

Quelques recherches qu'on ait faites, pour former le meilleur Choix possible, on ne doute pas qu'il ne soit échappé bien des chofes dignes d'orner cette Collection : mais qui peut tout connoître, & tout avoir ? Les perfonnes qui voudront bien s'intéreffer à cet ouvrage, & contribuer à le perfectionner, font invitées par l'Editeur à lui faire part des Chanfons qu'elles jugeront propres à compofer un bon Supplément, fi l'on paroît en defirer un.

Toutes les anciennes Chanfons, & celles dont les Auteurs font morts, ont été placées dans le premier Tome, fuivant l'ordre Nécrologique ou des dates de leur décès, qui a paru le plus fimple. Celles des Auteurs vivans rempliffent le fecond Volume ; & les Chanfons Anonymes, ou celles dont les Auteurs ne font pas connus, font dans le troifiéme.

Ce dernier Tome eft terminé par des Duo, des Trio, & des Canons de différentes époques ; & dans le Choix de ces Morceaux, mis feulement pour les Amateurs, on a eu plus d'égard aux effets de la Mufique, qu'aux paroles.

Enfin comme, depuis l'impreffion des deux premiers Volumes, on a re-

couvré des Chanſons de quelques Auteurs morts ou vivans dont il y en avoit
déja d'employées , il a fallu néceſſaire-
ment les préférer à de moins bonnes , &
les inſérer dans ce dernier Tome.

On n'a point indiqué les Auteurs des
Airs , dans la crainte d'attribuer à tel
Compoſiteur ce qui appartient à un autre , & de s'expoſer à des revendications
importunes. On a auſſi ſupprimé les titres des Chanſons , parce qu'ils auroient
trop chargé les pages d'un livre , qu'on
vouloit rendre auſſi curieux par l'élégance Typographique, ou par la forme,
que par le fonds.

Pour la partie de la Muſique , on
s'eſt principalement propoſé de faciliter
le Chant des Airs ; & pour cet effet ,
1°. on a réduit toutes les Clefs muſica-
les à une ſeule , qui eſt celle de G-re-ſol
ſur la ſeconde ligne , plus généralement
connue que les autres , & plus convena-
ble aux perſonnes qui jouent de quelque
inſtrument ; 2°. on a tranſpoſé les airs
dans des Tons moins chargés de Die-
zes ou de Bemols , afin d'éloigner à

cet égard toute difficulté d'intonation.

C'est encore pour simplifier cette partie, & conserver l'économie des Vers, que les Mesures musicales sont coupées inégalement au bout des portées dans la plupart des premiers Couplets ; qu'on ne s'est point assujetti, suivant l'ancien usage, à faire des reprises absolues, qui auroient intercepté le sens des paroles, & qu'on s'est contenté de leur substituer des doubles barres de mesures ponctuées ou simples, afin de laisser, en chantant, la liberté de revenir aux reprises, dans les Couplets où il s'en trouve. En conséquence les notes & les syllabes finales ont de même été retranchées, comme ne devant plus avoir lieu, ou n'étant pas du moins d'une grande utilité dans un livre dont les Chansons n'ont point d'accompagnement.

FIN.

I. Vol. P. 252. *Malgré la Bataille*, &c. Cette Chanson a été faite dans le cours de la Guerre terminée en 1736.

II. Vol. P. 130. *Il est une Divinité*, &c. Cette Chanson n'est pas de M. Saurin. Nous en ignorons l'Auteur.

EXPLICATION DES FIGURES.

1. *Tome I.* Le Portrait, qui s'offre d'abord, est celui du Sieur MONNET, Éditeur de l'Ouvrage, gravé en Médaillon d'après M. *Cochin*. L'Inscription Latine, relative au Recueil de Chansons, signifie : *Il amuse, il touche, il instruit.*

2. *Ibid.* Le sujet de l'Estampe mise au devant du *Mémoire historique sur la Chanson*, est une Compagnie de Troubadours & de Menestrels qui se présentent au Comte & à la Comtesse de Provence.

3. *Ibid.* L'Estampe placée à la tête des Chansons, représente Thibault, Comte de Champagne & Roi de Navarre, écoutant avec intérêt une Chanson que lui débite un Poëte étranger qui vient d'arriver à sa Cour.

4. *Tome II.* Celle qui fait face au Frontispice, est composée des trois Graces, & d'un grouppe d'Enfans, sçavoir d'un Amour tenant une Lyre, d'un jeune Suivant de Bacchus, & d'un petit Satyre qui tient la flûte de Pan.

5. *Tome III.* L'Estampe dont est décorée la tête du Livre, est un Tableau Symbolique, où sont représentés les trois principaux objets de toutes les Chansons : l'Amour, Vénus, & le Dieu du Vin. Une Danse de Nymphes & de Satyres en orne le fond.

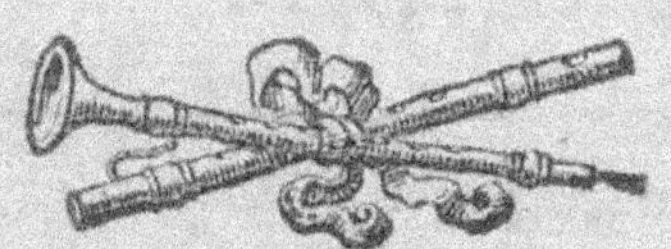

Les Rois les Troubadours font en correspondance,
Et la gloire établit cette société.
Pour donner aux Talens l'éclat la récompense,
Les Rois ont Intérêt de l'immortalité.

MEMOIRE

HISTORIQUE

SUR LA CHANSON EN GÉNÉRAL,

ET EN PARTICULIER

SUR LA CHANSON FRANÇOISE,

PAR M. MEUSNIER DE QUERLON.

Nous définirons la CHANSON, dans sa simplicité primitive, l'expression d'un sentiment soudain ou profond, d'une sensation vive ou legere, d'une image plus ou moins fortement conçue : expression attachée partout à certains tours de mots diversement mésurés & à des sons quelconques.

La Chanson est évidemment la premiere & la plus ancienne Poésie. Les Dieux, disoit Platon, touchés des travaux & des peines inséparables de l'humanité, firent présent à l'homme de la Poésie & du Chant.

A

Sans recourir aux Dieux de Platon , on voit que le Chant & la Danse sont presque aussi naturels à l'homme que l'usage de parler & de marcher. La joie & la douleur sont actives , quelquefois même impétueuses. Elles éclatent comme malgré nous , soit par les accens de la voix , soit par les mouvemens du corps. C'est pourquoi la Danse & le Chant se trouvent établis par-tout où l'on trouve des hommes , chez les Peuples les moins polis ou les plus sauvages. Montagne nous a conservé une Chanson Caraïbe qu'il trouve digne d'Anacréon.

» COULEUVRE , arrête-toi ; arrête-toi ,
» Couleuvre , afin que ma sœur tire sur le
» patron de ta peinture , la façon & l'ouvrage
» d'un riche cordon que je puisse donner à
» ma mie. Ainsi soit en tout tems ta beauté
» & ta disposition préférées à tous les autres
» serpens. Couleuvre , arrête-toi , &c. (1) ».

C'est peut-être la premiere fois que l'idée d'un serpent a fait naître une galanterie.

Le Poëte Philosophe Lucrece prétend que les Oiseaux nous ont appris à chanter (2). Quoique nos maîtres soient aujourd'hui nos éleves , cette idée riante est au moins digne d'être adoptée en Poésie. On conçoit aisément que l'homme , l'animal de tous le plus imitateur , ayant sans cesse les oreilles frappées des accens des Oiseaux , aura voulu les

____

(1) Essais. L. 1. C. 30.   (2) L. 5.

contrefaire ; d'où la premiere idée du Chant
fera venue aux Habitans des Campagnes.
Mais ce Chant inarticulé n'eft pas encore la
Chanfon. Elle eft donc originairement , d'a-
près notre définition , une production de la
fenfibilité , du plaifir , de la chaleur & de
l'énergie des idées ou des fenfations : elle a
pris fes différens caracteres des circonftances
qui l'ont fait naître.

L'Amour, ce fentiment fi vif , fi puiffant,
fi varié dans les hommes ; ce Protée qui
produit & qui fait penfer tant d'ingénieufes
folies , de fi charmantes bagatelles , a fans
doute infpiré les premieres Chanfons.

Le Vin a fait auffi plus de Chanfonniers
que toutes les eaux de l'Hipocrene. Dans
les feftins des premiers âges , dont les pré-
fens de Céres & ceux de Pomone faifoient
à peu près tout l'appareil , cette liqueur ré-
pandant la joie parmi les convives leur dé-
lioit diverfement l'efprit & la langue. Delà
beaucoup d'heureufes faillies , & les premieres Chanfons de table.

Les plus anciens Peuples du monde , les
Hébreux, les Egyptiens, les Arabes , les
Affyriens, les Perfes, les Indiens , ont fait
du Chant le même ufage que nous : ils y ont
tous attaché les expreffions de leur gaieté, de
leur bonne humeur , de tous les fentimens
agréables que chacun éprouvoit à fa ma-
niere , & des épanchemens réciproques qui

se faisoient entr'eux, ce qui indique bien la Chanson (1).

La Poésie lyrique ou chantante est de tems immémorial cultivée chez les Chinois (2), & par conséquent ils ont aussi des Chansons.

La Lyre que les Grecs & les Latins mettent entre les mains d'Apollon, les Orientaux la donnent à Vénus.

Un Poëte Arabe marque ainsi son goût & sa sensibilité pour le Chant. » LES Rochers, » par leurs échos, se montrent sensibles aux » sons d'une voix agréable. Les Tulipes & » les Roses se déchirent au gazouillement des » Oiseaux. Les Chameaux mêmes se réjouis- » sent aux durs accens du Chamelier (3) ».

Voici de la galanterie Arabe, que le François le plus délicat pourroit sûrement avouer. » FILLE du Soleil, Rose vermeille & suave, » que j'ai vu sortir ce matin du fond d'un » rubis, va parer la tête de SOUS. Tu n'au- » ras plus dans quelques momens ces cou- » leurs aussi vives que la flamme, & ce soir » elles seront éteintes. Mais le feu qui co- » lore ses joues, allumé par mes regards, » ne s'éteint jamais, parce que le foyer est » dans son cœur ».

(1) Ecclésiastiq. C. 47. V. 18.-Sag. C. 32. V. 7. & 8.- Hérodot. L. 2.- Athen. L. 15. Martial Ep. 63. L. 3.- Dionysiaq. de Nonnus. L. 19.-

(2) Hist. de la Chine du P. Duhalde. Tom. 2.

(3) Bibliothéq. Orient. de d'Herbelot.

(5)

Un Académicien dont on trouve un Mémoire sur la Chanson parmi ceux de l'Académie des Belles Lettres (1) , prétend que l'usage des Chansons a précédé chez les Grecs celui des Lettres mêmes. On ne peut douter au moins que la Chanson n'ait eu dans la Gréce la même origine qu'elle paroît avoir eue par-tout.

Née dans les champs, l'invention en appartient à la condition pastorale, la plus ancienne parmi les hommes, dès qu'ils purent connoître l'usage des seuls vrais biens faits pour eux. Qui pouvoit mieux l'inspirer que le spectacle de la Nature, que toutes les circonstances d'une vie simple, gaie, libre, uniforme, peu occupée, encore moins pénible, employée seulement à jouir des beaux jours, des agrémens infinis que le Ciel, la terre, les différentes saisons semblent offrir inutilement à plus de la moitié des hommes ?

Les Arcadiens, Bergers si célébres dans l'Antiquité, furent les premiers Chansonniers de la Gréce. Stymphale, Tégée, Orchomene, le Mont Lycée, le Ménale, noms consacrés par la Poésie, retentissoient sans cesse du Chant & des Chansons de leurs heureux habitans.

La Gréce, fertile en fictions, fit naître les Muses en Thessalie, l'une de ses con-

____

(1) M. de la Nauze.

trées, des amours de Jupiter déguisé en Berger & de Mnémosyne. On n'avoit d'abord
imaginé que trois Muses ; elles furent multi-
pliées jusqu'à neuf. Chacune eut son dépar-
partement, & l'on fit présider à la Chanson
Polymnie.

Nous pourrions mettre à la tête des Chansonniers Grecs les neuf Poëtes Lyriques,
sans en excepter même Pindare, puisque
leurs Poésies se chantoient, puisque l'Ode,
aussi variée que la Chanson & susceptible
de ses différens caracteres, n'en est point
essentiellement distinguée. On ne nous con-
testera pas du moins le Chantre de Bathylle.

Le seul nom d'Anacréon est si familier
parmi nous, qu'on songe à peine que c'est
un Grec. Il se trouve même assez de gens
qui, sans avoir jamais soupçonné le génie
particulier de ce Poëte, font des Odes Ana-
créontiques. Les siennes sont de vraies Chansons, où l'Amour & le Dieu du Vin sont célébrés tour à tour & souvent ensemble. Il en
a même de morales & de philosophiques
d'un goût excellent ; mais il doit une grande
partie de ses agrémens à ceux de sa Langue.

Les Anthologies Grecques composées d'E-
pigrammes, d'Inscriptions & de quelques
autres Poésies, récelent aussi probablement
des Chansons. A quel autre genre rapporter
cette petite Piéce où le Poëte s'adresse à
une jolie Bouquetiere ?

» Sont-ce les Roses de ta corbeille ou
» celles de ton teint, fille aimable, que tu
» veux vendre ? Est-ce le Rosier même avec
» toutes les Roses (1) » ?

Les Grecs chantoient volontiers à table,
& chacun disoit sa Chanson en tenant une
branche de myrthe qui passoit de main en
main. A la fin du repas, on apportoit aux
convives des couronnes de fleurs, & les
Chansons commençoient.

Un Lyrique Grec (2) a nommé la Chanson, *Fille de la Paix :* elle étoit cependant
toute guerriere à Sparte. Plutarque, dans la
vie de Lycurgue, rapporte une Chanson militaire qui s'y chantoit à trois Chœurs, composés des trois âges de l'homme. Nous représenterons les vers d'Amyot.

Le Chœur des vieillards disoit :

> *Nous avons été jadis*
> *Jeunes, vaillans & hardis.*

Le Chœur des jeunes gens :

> *Nous le sommes maintenant,*
> *A l'épreuve à tout venant.*

Le Chœur des enfans :

> *Et nous un jour le serons,*
> *Qui tous vous surpasserons.*

Il y avoit chez les Grecs, ainsi que chez
nous, des Aveugles qui mendioient de porte

______
(1) Antho. Planud. L. 1. (2) Bachillde.

en porte en chantant. Athénée nous a conservé un fragment de ces Chansons d'aveugles (1).

Quand cette Colonie d'Arcadiens qu'Evandre établit sur les bords du Tybre, & précisément dans l'endroit où fut bâtie Rome (2), n'y auroit pas apporté le goût du Chant ; quand avant les Romains il n'y auroit point eu de Chansons Osques, Etrusques, & de tous les autres Idiômes formés du mélange des Grecs d'Italie avec les anciens habitans, la Chanson latine seroit née d'elle-même dans la bouche d'un Peuple partagé entre les travaux de Mars & ceux de la campagne.

Ennius, en rapportant aux Faunes les plus anciennes Chansons ou les plus anciens vers chantés dans le Latium, indique bien leur origine champêtre. Car les Faunes, les Sylvains, les Satyres, les Nymphes, n'étoient tous vraisemblablement que certains habitans des bois, que leur vie solitaire & sauvage fit ériger en Divinités par la crainte, la superstition, & la crédulité des hommes rassemblés dans les Villes & dans les Campagnes.

Les Eglogues de Virgile ne sont que des tableaux de la vie pastorale ; mais comme l'a remarqué M. *de la Nauze*, à l'occasion

____

(1) Athen. L. 8.   (2) Propert. Eleg. 1. L. 4.

de Théocrite, ce Poëte ne donne point les Chansons que chantoient les Bergers de son temps : il ne fait qu'en représenter l'usage. En effet, quoique ses Bergers ne soient point des discoureurs de Romans ou des soupirans d'Elégies comme tous ceux de Fontenelle, ils parlent quelquefois un langage au-dessus de leur condition. Quoi de plus naturel cependant & plus du genre de la Chanson, que ce Couplet charmant de la troisiéme Eglogue sur les agaceries qu'une Bergere fait à son Amant ? » GALATÉE me jette une » pomme, & court se cacher parmi les sau- » les : mais la friponne est bien charmée » d'être apperçue auparavant ».

De tous les Lyriques Latins, le seul Horace nous est resté, mais il nous console bien de ceux qui nous manquent. La plûpart de ses petites Odes Bacchiques & galantes, quelques-unes même de celles où, comme s'exprime Plutarque, sa Poésie a pris la teinture de la Philosophie, sont de vraies Chansons, qu'il chantoit soit à table avec ses amis, soit à ses maîtresses, soit dans ces sociétés où se rassembloient, ainsi que chez nous, les gens de plaisir.

Catulle, que les Grecs eux-mêmes (1) reconnoissoient tenir beaucoup d'Anacréon dans quelques Poésies, est en effet le Poëte

____

(1) Aul. Gell. L. 19. C. 9.

Latin qui pour la délicatesse & le naturel approche le plus du Lyrique Grec. On ne peut méconnoître pour une vraie Chanson au moins la vingt-quatriéme Piéce de ce Poëte.

L'Elégie s'est chantée autrefois, mais ne fait plus depuis long-tems partie de la Poësie chantante. Cependant quel fonds de galanterie, quelle reſſource pour les Chanſonniers dans les Elégiaques Latins ! Que Quinault ſur-tout a tiré de choſes d'Ovide !

Ce Poëte, le premier de tous pour la fécondité, l'élégance, le tour aiſé du vers, les agrémens, la chaleur, doit donc principalement être le code des Chanſonniers. S'il n'a pas fait de Chanſons, on en trouve dans ſes Poëſies l'eſprit, la matiere, & preſque la forme.

Tibulle, plus pur & plus naturel qu'Ovide, eſt auſſi plus monotone, & même un peu traînant. Ovide chante, Tibulle ſoupire.

Properce, nommé dès ſon vivant *le Callimaque Romain*, inférieur à Tibulle pour la Poëſie de ſtyle & l'expreſſion, a plus de feu, plus de variété. Son Portrait de l'Amour (1) a fourni quelques idées aux Chanſonniers François.

Martial récele encore quelques Chanſons.

(1) Eleg. 10. L. 2.

On fait aifément d'une Epigramme un Couplet, & d'un Couplet une Epigramme. La jolie Chanfon de Dufrefny, *Philis plus avare que tendre*, &c. eft une imitation de Martial (1). Nous connoiffons une Chanfon Italienne de *Luigi Grotto*, tirée de l'Epigramme où ce Poëte peint affez plaifamment le manege d'une femme qui, ne pouvant embraffer fon amant en préfence de fon mari, baifoit un enfant & l'envoyoit porter à fon *Intendio* ce baifer tout frais (2).

Le refrein de Chanfon rapporté par Phédre dans la Fable du Joueur de flûte appellé *le Prince* (3), conftate l'ufage où l'on étoit dans l'ancienne Rome de célébrer, comme on fait chez nous, par quelques Chanfons, les événemens de quelque importance, telle qu'étoit la convalefcence d'Augufte.

Ceci nous conduit aux Chants de Victoire & aux Brocards fatyriques, que les foldats mêloient parmi leurs chants militaires dans les triomphes de leurs Généraux.

Quand Céfar obtint l'honneur du triomphe pour la conquête des Gaules, les foldats qui compofoient fon cortege chantoient hautement. » Citadins, gardez bien vos fem- » mes. Voici le Chauve fi redoutable aux » maris (4).

Les Romains ayant la guerre avec les Sar-

---

(1) Epig. 75. L. 10.
(2) Epig. 95. L. 12.
(3) Fab. 7. L. 5.
(4) Sueton. Vie de Céfar.

mates, Aurelien, foldat de fortune, que fa bravoure éleva depuis à l'Empire, tua feul de fa main, dans l'efpace de quelques jours, 950 hommes des ennemis. Un pareil ouvrier méritoit bien une Chanfon : voici celle que les enfans chantoient dans les rues. » Nous » avons moiffonné mille & mille têtes ; » mille & mille têtes abattues ont été l'ou- » vrage d'un feul homme. Vive mille & » mille fois le Guerrier qui a fait cette dé- » confiture. Perfonne n'a bu autant de vin » qu'il a verfé de fang (1) ».

Le goût des Romains pour les Chanfons, pour le Chant, fut porté fi loin, que Sénéque le Rhéteur fe plaint de la molleffe des jeunes gens qui paffoient tout leur temps à chanter, pour tâcher d'affouplir leur voix, pour la mettre au ton tendre & radouci de celle des femmes (2) ; & voilà encore nos mœurs.

M. Bouchaud, auteur de l'*Effai fur la Poéfie Rhythmique*, ouvrage fçavant, croit que les vers faits par l'Empereur Adrien à la veille de fa mort, font une véritable Chanfon ; nous n'en doutons point. On peut regarder ce Prince mourant comme notre vieux Poëte *Defyvetaux* qui, près de mourir, fe fit jouer une Sarabande, pour que fon ame paffât plus doucement. Cette Chan-

---

(1) Vopifcus in Aurel.　　　(2) Controv. L. 1.

son si bien rendue par Fontenelle (1), est
la Sarabande d'Adrien.

Nous terminerons ici cette ébauche historique sur la Chanson des Anciens. Après le
cinquiéme ou le sixiéme siécle de notre Ere,
jusqu'au quatorziéme, on ne trouve plus dans
les ouvrages d'agrément, ni dans quelque
genre que ce soit, que des traces de la bar-
barie qui couvrit toute la face de l'Europe.
En un mot, pour peindre d'un trait les huit
ou neuf siécles écoulés depuis le démembre-
ment de l'Empire Romain jusqu'au renouvel-
lement des Lettres, il y eut toujours du génie sans art, de l'esprit sans goût, du goût
sans regles & sans principes, des connois-
sances destituées de lumieres, du sçavoir sans
discernement, du jugement sans critique, &c.

Des débris de la Langue Latine & du mêlange des différens idiômes introduits par les
Barbares, se formerent trois Langues vulgai-
res qui ne sont pas les moins polies de l'Europe, l'Italien, l'Espagnol & le François.

Les Gaulois dont nous sommes les successeurs dans le pays que nous habitons, & en
partie la postérité, connurent la Poésie chantante. Leurs Poëtes ou leurs Chantres nom-
més *Bardes* (2), composoient des Hymnes
& des Chansons pour conserver la mémoire

______

(1) *Ma petite ame, ma*
mignonne, &c. Dialog des
Morts. 4.

(2) Les Joueurs de vielle
& de violon sont encore ap-
pellés *Bards* en Bretagne.

des Guerriers qui s'étoient signalés dans les combats, ou qui étoient morts glorieusement les armes à la main. Ces Chansons étoient à peu près la même chose que les *Chansons des Gestes* en vogue dans l'ancienne Chevalerie, qui forme nos tems héroïques. Telle étoit la Chanson de Roland si célébre dans nos vieilles Chroniques, & que les François du neuviéme siécle chantoient en allant au combat.

Cette idée d'honneur & de gloire attachée par-tout à la bravoure ou au mépris de la vie, a de tout tems & chez tous les Peuples du monde inspiré de pareils Chants. Les Iroquois, & bien d'autres Peuples de l'Amérique, ont leurs *Chants de Mort*. Les Prussiens, dans les campagnes de 1756 & 1757, ont fait revivre cet usage par les Chants de Guerre de la composition de M. *Gleim*, qui se chantoient parmi leurs troupes (1).

Nous ne comprendrons pourtant pas dans l'histoire de la Chanson Françoise ces Chansons Latines qui couroient même parmi le Peuple, avant que notre Langue fût assez formée pour inviter nos Poëtes à s'exprimer en cette Langue.

S. Bernard, si l'on en croit Berenger, l'Apologiste d'Abelard (2), avoit fait dans

(1) Journal Etranger d'Avril 1762. Supplément de la Gazette Littéraire des 2 Septembre & 4 Novemb. 1764.
  (2) *Opera Abælardi*, page 302.

ſa jeuneſſe des Chanſons badines ſur des airs
du temps. Pierre de Blois étant jeune avoit
fait auſſi des Chanſons galantes, & c'eſt lui-
même qui nous l'apprend dans ſes lettres (1).

Quant au pauvre Abelard, on ſçait que
ce fut principalement par ſon talent pour les
Chanſons, & par les agrémens de ſa voix,
qu'il gagna le cœur d'Héloïſe.

» DEUX choſes vous gagnoient tous les
» cœurs, écrit-elle au Docteur Breton, »
» une heureuſe facilité à faire les plus jolis
» vers du monde, & une grace incompa-
» rable à les chanter, talens qui ſe trouvent
» rarement dans les Sçavans de profeſſion.
» C'étoit par ces jeux agréables que vous
» tâchiez d'égayer l'auſtérité de la Philoſo-
» phie. Eh ! quels charmes n'avoient pas les
» Chanſons tendres que l'Amour vous dic-
» toit ! Quelle douceur dans les paroles &
» dans les airs ! On ne parloit que de celui
» à qui on devoit des compoſitions ſi ga-
» lantes. Elles étoient courues de tout le
» monde ; leurs beautés ſe faiſoient ſentir
» aux plus groſſiers ; il n'y avoit point de
» femme qui n'en fût enchantée. Combien
» m'attirerent-elles de rivales (2) » !

Si nous voulions charger cet écrit des
preuves que nous tirerions des Chroniques,
& des autres monumens littéraires qui ſor-

____

(1) Epiſt. 57. 76.
(2) Hiſtoire de la Poéſie Françoiſe, par l'Abbé Maſſieu.

ment nos Antiquités, on verroit que le Génie Chansonnier, & que le goût pour les Chansons, sont en France presqu'aussi anciens que la Monarchie.

M. l'*Evêque de la Ravaliere* qui avoit fait beaucoup de recherches sur nos anciennes Chansons, prétend que c'est à la Normandie que nous devons nos premiers Chansonniers, non à la Provence, & qu'il y avoit parmi nous des Chansons en langue vulgaire avant celles des Provençaux, mais postérieurement au Regne de Philippe I, ou à l'an 1100 (1). Ce seroit une antériorité de plus d'un demi siécle à l'époque des premiers Troubadours, que leur Historien, *Jean de Nostredame*, fixe à l'an 1162, mais que d'autres reculent beaucoup.

Sans entrer dans la discussion de ces époques très-incertaines, commençons par donner une idée des Poëtes Provençaux, que cet Académicien reconnoît au moins pour nos maîtres dans le genre dont il s'agit.

Les *Troubadours*, nom synonime à *Trouveres* qui signifie inventeurs, sont de la plus haute antiquité, puisqu'il y en eut dans l'ancienne Gréce. Homere, selon M. Huet dans son Origine des Romans, est le pere des Troubadours. Orphée, avant Homere, & depuis, Arion, Thespis, Simonide, &c. alloient

____

(1) Révolutions de la Langue Françoise, à la suite des Poésies du Roi de Navarre.

réciter

réciter ou chanter leurs vers dans les Cours & dans les grandes Villes où ils étoient bien accueillis.

On peut comprendre sous le nom de *Jonglerie* tout ce qui appartient aux anciens Chansonniers Provençaux, Normands, Picards, &c. Le Corps de la Jonglerie étoit formé des *Trouvères* ou *Troubadours* qui composoient les Chansons, & parmi lesquels il y avoit des *Improvisateurs*, comme on en trouve en Italie ; des *Chanteours* ou *Chantères*, qui exécutoient ou chantoient ces compositions ; des *Conteurs* qui faisoient en vers ou en prose les Contes, les Récits, les Histoires ; des *Jongleurs* ou *Menestrels*, qui accompagnoient de leurs instrumens.

L'Art de ces Chantres ou Chansonniers, étoit nommé la Science Gaie, *Gay Saber* ; & la passion romanesque pour les vers, pour les Chansons, pour tout ce qui respiroit la galanterie, qui dans le douziéme & le treiziéme siécles gagna généralement toute la France, rendit cet Art très-important. La Provence fut la premiere Ecole de la *Science Gaye*. La beauté du Ciel & l'aménité du pays, le feu naturel des Provençaux, le tendre enjouement des Provençales, le voisinage des Cours répandues dans la France Méridionale, l'éclat qu'un goût vif pour les Arts donnoit à celle de Provence, & le long séjour des Papes dans la Ville d'Avignon ou

dans le Comtat , firent éclore tous les talens agréables.

L'Ordre des Troubadours fut nombreux.
Jean de Noſtredame , Procureur au Parlement d'Aix , dont on a *Les Vies des plus célébres Poëtes Provençaux qui ont fleuri du
temps des Comtes de Provence* , n'en fait
connoître que 76 ; mais *Creſcimbeni* , Cuſ-
tode des Arcades , au ſecond Tome de ſon
Hiſtoire de la Poëſie Italienne , donne environ 130 Notices de plus. Ces deux Hiſto-
riens mettent , entr'autres , au rang des Troubadours , l'Empereur Frédéric I , dont il reſte
un Madrigal en vers Provençaux ; l'Empereur Frédéric II ; Frédéric III , Roi de Sicile ;
Alphonſe I , Roi d'Arragon ; Richard Cœur-
de Lyon , Roi d'Angleterre , le même dont
Mlle *Lhéritier* a publié les Contes ; Thibault
de Champagne , Roi de Navarre ; Guillaume
VIII , Duc d'Aquitaine ; un Comte d'Anjou ;
un Comte de Flandre ; un Comte de Toulouſe ; un Dauphin , Comte d'Auvergne ; un
Comte de Rhodez ; Raimond Berenger ,
Comte de Provence ; un Vicomte de Tu-
renne ; un Raimond de Durfort ; un Ren-
forzat de Forcalquier ; un Garin d'Apchier ;
un Arnaud de Tentignac ; Simon Doria , de
Gênes ; des Dagoult , des Adhemar , & d'autres noms célébres parmi la Nobleſſe Provençale.

Les Dames du plus haut rang ſe mêloient

auſſi de la Science Gaie , & ſe piquoient de faire des vers , de bien tourner une Chanſon. Outre les filles de Raimond Berenger , Princeſſes inſtruites & très-ſpirituelles , on compte une Comteſſe de Die ; une Marie de Ventadour ; une Mabille de Villeneuve , Dame de Vence ; une Vicomteſſe de Talard ; une Antoinette de Cadenet , Dame de Lambeſc , & beaucoup d'autres.

Les Cours d'Amour , où ſe jugeoient toutes ces queſtions ingénieuſes ſur l'Amour, appellées *Tençons* , que la galanterie Provençale avoit miſes en vogue , étoient tenues & préſidées par des Dames , & les jugemens qui s'y rendoient s'appelloient des *Arrêts d'Amour*. La Comteſſe de Champagne en avoit prononcé beaucoup , & un entr'autres dans un Parlement célébre compoſé de 60 femmes.

En 1323 , ſept Virtuoſes de Toulouſe fonderent en cette Ville une Académie de Poéſie, qui fut appellée *la Compagnie inſigne & ſupergaie* (Sovragaia) *des ſept Troubadours Toulouſains.* Elle s'aſſembloit tous les Dimanches de l'année dans un jardin de la Ville , & chacun y récitoit ſes compoſitions. Il y avoit une ſéance publique le premier jour du mois de Mai. On propoſa d'abord une Violette d'or pour celui qui auroit fait le meilleur ouvrage en Science Gaie ; on y ajouta dans la ſuite deux autres prix d'ar-

gent, l'Eglantine ou Jasmin d'Espagne, &
une autre fleur ; & c'est l'origine des Jeux
Floraux dont on fait honneur à *Clémence
Isaure*.

En 1356, il y avoit sept Conservateurs
de la Science Gaie, qui firent pour cette
Académie des Réglemens, moitié en prose
& moitié en vers (1).

Après la mort de Raimond Berenger,
Comte de Provence, la Poésie Provençale
commença à décliner, parce que Charles
d'Anjou, frere de S. Louis, successeur du
Comte, fixa son séjour à Naples. Cependant il y eut encore des Troubadours & des
Jongleurs au moins jusqu'au quinziéme siécle.
Antoine du Verdier, qui vivoit sous Henry
IV, dit même, dans sa Bibliothéque histo-
riale, avoir vu un vieux Jongleur ou Menes-
trel d'Orléans, nommé *Martin Baraton*, qui
aux fêtes & aux noces battoit un Tambourin
d'argent semé de plaques du même métal,
où étoient gravées les armes de ceux à qui
il avoit appris à danser.

La Science Gaie, sous les Comtes de Provence, devint un moyen de s'enrichir promptement, de parvenir même aux honneurs &
à des emplois. Elle donnoit aussi bien des
priviléges ; & dans les Cours, auprès des
Dames, elle faisoit assez souvent disparoître

(1) Crescimbeni.

l'intervalle des conditions : car , dit M. de Fontenelle , *les Dames alors étoient fort foibles contre les beaux esprits* (1). Il n'y avoit presque point de grands Seigneurs , ni de Dames un peu qualifiées , qui n'eussent quelque Troubadour à leur suite.

Un Gentilhomme qui n'avoit que le quart d'un Château , devenu Troubadour , étoit bientôt en état d'acquérir le reste. Deux freres se partageoient ainsi leur fortune : le Château demeuroit à l'aîné , le cadet se faisoit Troubadour , & alloit courir le pays. Car la vie de ces Troubadours étoit un vrai pélérinage , ou une promenade continuelle. Ils alloient de Cours en Cours , & de Châteaux en Châteaux , toujours accueillis & fêtés à proportion de leurs talens.

La plûpart des Troubadours suivoient les Princes à la guerre & y faisoient leur chemin. *Rambaud de la Vachiere* parvint par ses Chansons si avant dans les bonnes graces d'un Comte de Toulouse , que ce Prince le fit Chevalier , le mena à la Croizade & lui fit donner le Gouvernement de la Ville de Salonique , qu'on avoit prise sur les Infidéles.

On faisoit à ces Troubadours des présens considérables d'étoffes , de robes , de chevaux , &c. Quelquefois les Souverains & les Reines se dépouilloient de leurs plus beaux

____

(1) Histoire du Théâtre François.

vêtemens pour les leur donner, & ils s'en
paroient dans les autres Cours. Quelques
Dames se contentoient de couronner leurs
Troubadours de plumes de Paon (1). Souvent aussi tout le prix de la meilleure Chanson n'étoit qu'un baiser, que le Poëte, à la
vérité, prenoit d'ordinaire de la personne
qui lui plaisoit le plus.

Parmi toutes ces galanteries, bien des
Troubadours se prenoient d'une forte passion
pour certaines Dames, & Nostradamus en
fait mourir deux ou trois d'amour. Mais suivant le génie Romanesque des temps où vi-
voient ces bons Provençaux, leurs vies sont
mêlées de beaucoup de fables. D'ailleurs la
plupart de ces vies ont été faites originairement par des Moines accoutumés à écrire
des Légendes.

Ces Poëtes donc, qui par état étoient
amoureux, cachoient ordinairement avec
soin le nom de leurs Dames, & les chantoient sous d'autres noms dont ils étoient
convenus ensemble. Souvent les galanteries
destinées aux femmes étoient adressées aux
maris, & c'étoit une de ces finesses d'amour
qui ont été de tous les temps.

Arnaud Daniel, dont Pétrarque a bien
profité, & que le Dante loue beaucoup,
n'eût d'abord d'autre Apollon que le besoin.

____

(1) Ancienne Chevalerie de M. de Sainte Palaye.

Il faifoit des Chanfons pour fubfifter , & pour continuer fes études ; l'Amour enfuite l'infpira. Il fut amoureux de la belle Bouille , Dame de Gafcogne , qu'il célébra fous le nom de *Cyberne*. Pour obtenir fes bonnes graces , il entendoit , difoit-il , mille Meffes par jour ; mais fes prétentions fe bornoient à être rafraichi d'un feul baifer de fa belle bouche.

Rhambaud d'Orange ayant compofé un Poëme intitulé *La Maîtrife d'Amour* , & dans lequel il y avoit des chofes affez libres , ofa le dédier à Marguerite de Provence , fille aînée du Comte Berenger. Le Romieu (1) , qui étoit alors Miniftre du Comte , le fit exiler aux Ifles d'Hieres , d'où il fut rappellé quelque temps après par l'interceffion de la Princeffe.

Les aventures de *Geoffroy Rudel* , qui fur le récit de deux Pélerins devint éperdument amoureux d'une Comteffe de Tripoli , & qui , felon Pétrarque , employa les voiles & les rames , pour aller chercher la mort fur la côte d'Afrique : celles de *Guillaume Durand* que fa Maîtreffe enterrée pour morte fit réellement mourir de douleur : les folies de *Guillaume de la Tour* , qui ne pouvant venir à bout de reffufciter la fienne , en mourut de défefpoir : la bonne duperie faite à *Raimond*

---

(1) C'eft le fameux Pélerin dont M. de Fontenelle a redonné l'Hiftoire.

de Mirevaux, qui, pour avoir voulu changer de chaine, se trouva sans femme & sans maîtresse, ce qui le fit mourir de dépit, sont de vrais sujets de Romances. Mais les aventures tragiques de *Guillaume de Cabestan* (quoique rapportées différemment par Nostradamus & Crescimbeni), sont dignes du pinceau d'Ovide.

La démangeaison de médire est souvent attachée au talent des vers. L'Apollon des Poëtes est armé de fleches perçantes, dont les blessures sont très-sensibles. Les *Galliadours* (c'est le nom qu'on donnoit aux médisans du beau Sexe) étoient donc sujets à de petites disgraces.

Pierre Vidal, de Toulouse, pour avoir tenu des discours injurieux sur une Dame, eut la langue fendue par un Chevalier de ses parens. Il se souvint apparemment de cette correction dans sa vieillesse ; car il fit un *Traité sur l'art de retenir sa langue.*

Guillaume de Bargemon, étant à la Cour du Comte de Provence, se trouva dans une assemblée de Chevaliers & de Dames, où les hommes vantoient sans pudeur, l'un sa bonne mine & ses agrémens ; l'autre sa bravoure ; celui-là ses talens & son adresse ; celui-ci ses bonnes fortunes. Il voulut rencherir sur eux, & il dit : Qu'il n'y avoit à la Cour aucun Gentilhomme qu'il n'eût fait cocu. *En suis-je,* dit en riant le Comte de

Provence ? » Monseigneur, répondit l'im-
pudent Troubadour », je ne vous mets, ni
» ne vous excepte du nombre ». Toutes les
femmes se liguerent & le firent chasser.

Pierre de Châteauneuf fut arrêté par des
voleurs qui, après l'avoir dépouillé, voulu-
rent encore lui ôter la vie. Il leur demanda,
pour toute grace, de lui permettre de leur
chanter, avant sa mort, une de ses Chansons.
Ces coquins furent si charmés de celle qu'il
leur chanta, qu'ils lui rendirent tous ses effets.
Cette aventure vaut presque celle d'Arion.

Une bonne maxime des Troubadours,
c'étoit de punir séverement les Plagiaires.

Fabre d'Uzès, ayant acheté les ouvrages
d'Albertet de Sisteron, se crût en droit de
s'en donner pour l'auteur. On reconnut le
Plagiat, & le pauvre Fabre fut fustigé. Si
l'on établissoit aujourd'hui la même peine
pour les Plagiaires, il y auroit plus de gens
fouettés, parmi nos fabriquans de livres,
qu'on ne fustige d'Ecoliers dans tous les
Colléges du Royaume.

Les monumens de l'ancienne Poésie Provençale sont très-rares. M. de la Curne de
Sainte Palaye, qui nous a très-obligeam-
ment ouvert son riche & précieux cabinet,
a ramassé, dans ses voyages, des materiaux
considérables, tant pour l'histoire des Troubadours, que pour celle de la Poésie Provençale. Personne n'est donc plus en état de

faire connoître cette Poéfie , & nous n'en-
treprendrons point d'en parler.

En paffant à la Chanfon Françoife , nous
ne prétendons pas rechercher l'époque in-
certaine de nos premieres Chanfons , ni dif-
cuter *Fauchet* , *Pafquier* , l'Abbé *Maffieu* ,
M. *de la Ravaliere* , & les autres Littérateurs
qui fe font occupés de cet objet. Il eft fûr
que tous nos anciens Poëmes , & que tous
nos vieux Romans en vers fe chantoient ;
mais tout ce qui fe chante , n'eft pas Chanfon : ne perdons point de vue ce genre.

Les plus anciennes Chanfons Françoifes
appellées *Lais* , du mot latin *Leffus* , qui fi-
gnifie complainte ou Chant funébre , font
probablement celles que nos premiers Ro-
manciers font chanter à quelques-uns de leurs
perfonnages.

Dans le vieux Roman de Perceforet , on
voit qu'aux tables des Dames & Demoifelles
de la Reine , lorfqu'il y avoit quelque ré-
jouiffance , une Pucelle (c'eft le nom qu'on
donnoit alors à toutes les jeunes Filles) ,
difoit une Chanfon , & que toutes répon-
doient.

Parmi les Poéfies d'Euftache Defchamps ,
on trouve une Chanfon à boire , qui eft peut-
être la premiere que l'on connoiffe dans notre Poéfie.

De 127 Poëtes françois dont Fauchet a
donné la nomenclature , on compte environ

70 Chansonniers, qui ont vécu avant l'an 1300. *Les meilleures Maisons*, dit l'Abbé Massieu, *se contenteroient d'une semblable ancienneté.*

Dans ce grand nombre de Chansonniers, auxquels on peut joindre ceux qui sont encore indiqués par un Manuscrit de la Bibliothéque du Roi de l'an 1350, contenant beaucoup de Chansons toutes à peu près du même âge, outre le fameux Comte de Champagne, Thibault, depuis Roi de Navarre, on voit les plus grands noms de France. Nous y avons remarqué, entr'autres, le Comte d'Anjou, Roi de Sicile, frere de S. Louis ; un Duc de Bretagne, Pierre de Dreux, dit *Mauclerc* ; un Comte de Braine, Jean de Dreux, frere de Mauclerc ; un Duc de Brabant, Henri, pere de la seconde femme de Philippe III, Roi de France ; un Comte de la Marche, Hugues de Lusignan ; un Pierre de Craon *qui aimoit*, disoit-il, *par héritage, parce que de tout temps, dans sa Maison, on avoit été galant de pere en fils* ; un Vidame de Chartres ; un Henry ou Thierry de Soissons qui accompagna S. Louis à la Croisade, & fut aussi fait prisonnier à la bataille de la Massoure ; un Bernard de la Ferté ; un Châtelain de Coucy, Raoul I, & une foule d'autres, dont les noms désignent assez la noblesse.

Il faut convenir que la plupart de ces

Chanſonniers, dont les Manuſcrits ont conſervé quelques productions, ſont très-monotones. C'eſt preſque toujours le printemps, les fleurs, les oiſeaux, l'hyver & ſes glaces qui reviennent dans leurs Chanſons, d'ailleurs peu variées quant au fonds, & moins encore dans la forme. Thibault qui les éclipſa tous leur fait lui-même ce reproche (1).

Ils compoſoient ordinairement les Airs de leurs Chanſons; mais ce n'étoit autre choſe que le Chant Grégorien ou le vrai Plain-Chant à notes quarrées, rangées ſur quatre lignes ſous la Clef de *C-ſol-ut*, & la meſure n'y étoit pas marquée.

Les Iris idéales ou vraies que célébrent ces Chanſonniers, ſont toujours des Blondes; le blond étoit alors la couleur des Belles. Pour faire une beauté accomplie, il falloit des cheveux blonds comme fils d'or, des ſourcils noirs bien arqués, des yeux verds ou pers, le menton fendu, arrondi par deſſus, voûté par deſſous, &c. Ce goût a regné juſqu'au temps de Charles IX & d'Henri III, que les Brunes ont partagé l'encens de nos Poëtes.

On met à la tête des Chanſonniers Provençaux, dit M. *de la Ravaliere*, Guillaume IX, Duc d'Aquitaine, & l'on peut regarder Thibault IV, Comte de Champagne & Roi

____

(1) Dans ſa dix-huitiéme Chanſon, Edit. de la Ravaliere.

de Navarre , né en 1201 , & mort en 1253
ou 1254 , comme le pere de la Chanson
françoise. Ainsi le premier âge de la Poésie
Chantante est marqué chez nous par les noms
de deux Princes qui la cultiverent avec succès : glorieuse prérogative qui sans doute il-
lustre bien son origine.

Thibault, surnommé *le Grand*, & le *fai-
seur de Chansons*, étoit, selon M. du Radier
(1) , d'une taille haute & bien proportion-
née , adroit à tous les exercices , libéral &
magnifique , poli par l'étude & par l'amour
de la Poésie , d'un caractere vif & incons-
tant , &c. Jusqu'à M. de la Ravaliere qui a
publié les Chansons du Roi de Navarre ,
c'étoit une tradition constante que la plupart
de ces Chansons avoient été faites pour la
Reine Blanche , mere de S. Louis , aimée
de Thibault. Mais cet Académicien prétend
que c'est une Fable accréditée par Mathieu
Paris qui a parlé le premier de ces Amours-
là , & que Mezerai , Daniel & les autres
l'ont adoptée sans examen. L'opinion de
M. de la Ravaliere n'a point passé sans con-
tradiction. M. du Radier qui tient pour l'ancienne tradition , rapporte , entr'autres preuves , une Piéce bien forte. C'est une Lettre
que la Reine Blanche écrivit à Thibault ,
pour le détourner d'épouser la fille du Comte

____

(1) Anecdotes des Reines de France, T. I.

Pierre de Bretagne : » POURTANT vous
» mande, lui dit-elle, que, si chier que
» vous avez tout tant qu'aymez au Royau-
» me de France, ne le faciez pas. La raison
» pourquoy, vous savez bien, &c. » Cependant l'Auteur des Anecdotes convient que
la Reine ne répondit point à la passion de
ce Prince.

Que l'Amour ait inspiré Thibault, soit
pour la Mere de S. Louis, soit pour la fille
d'un Chambellan de ce Monarque ou d'un
Seigneur de Pacy, nommé *Perron* (1), suivant M. de la Ravaliere, il est certain que
cet auguste Chansonnier, avant de quitter
la Cour de France, pour l'expédition de la
Terre Sainte, y sema ses vers & ses Chansons. » Croire que Blanche n'y eût aucune
» part, ou qu'elle est le seul objet qu'il ait
» eu en vue, c'est également se tromper,
dit l'Anecdotiste : » il composoit suivant les
» dispositions où il se trouvoit ».

Le caractere de Thibault, tracé par M. du
Radier, est justifié par ses Chansons & sur-
tout par la 41ᵉ qui contient une aventure assez
gaillarde entre ce Prince & une Païsanne.

L'Abbé Massieu croit qu'il est le premier
qui ait mêlé les rimes masculines aux fémi-
nines, & qui ait senti les agrémens de ce
mêlange.

(1) C'est Pierre.

Le même obſerve, qu'il n'y a jamais eu en France plus de Poëtes tendres & galans, (on peut ajouter & de Chanſonniers) , que ſous le regne du plus ſaint de nos Rois.

Les expéditions des Croiſades & les guerres preſque continuelles dont la France fut agitée ſous les regnes ſuivans juſqu'à Charles V , n'empêcherent point les progrès de la Poéſie & de la Chanſon Françoiſe. Nous n'en marquerons point tous les pas : ce ſeroit nous charger d'un travail dont il pourroit bien ne revenir que de l'ennui pour le Lecteur. Contentons-nous de parcourir les époques qui d'âge en âge en diſtinguent les caracteres.

Chriſtine de Piſan , qui vivoit ſous Charles V , quoique née à Veniſe , peut être miſe au rang des Chanſonniers François du 14e ſiécle , puiſqu'on a d'elle des Ballades, des Lais , & d'autres Piéces qui ſont de vraies Chanſons. Toutes ces productions reſpiroient la galanterie de ces temps-là ; & comme elle en fit la plupart pendant ſon veuvage , ſa prud'hommie n'empêcha point la malignité d'élever des ſoupçons contre ſes mœurs , qui cependant ſont reſtées ſans tache (1).

Sous le regne orageux de Charles VI , il ſe fit des Chanſons *lamentables* ſur l'aſſaſſinat du Duc d'Orléans ; elles ſe chantoient dans

____

(1) *Ne feuſt-il pas dit par toute la Ville que je aimoye par amour ?*

l'armée du Roi, pour insulter au Duc de Bourgogne, & après la mort de celui-ci, on en fit de même (1).

Charles d'Orléans élevé à la Cour polie de Charles V, son grand-pere, Prince vertueux & d'un grand mérite, cultiva la Poésie avec beaucoup de succès. L'Abbé *Sallier* qui a donné une bonne notice de ses ouvrages dans les Mémoires de l'Académie des Inscriptions, dit que, si le hazard les eut fait tomber entre les mains de Despreaux, il eût reconnu le Duc d'Orléans, plutôt que Villon, pour l'un des Fondateurs du Parnasse François. La Bibliothéque du Roi a le Recueil des Poésies de ce Prince, petit in-folio sur vélin, très-bien conservé. On y trouve, outre les productions du Duc d'Orléans, des Poésies du Cadet d'Albret, de Boucicaut 3e, fils du Maréchal, d'un Comte de Clermont, de Jehan de Lorraine, d'Olivier de la Marche, de la Duchesse d'Orléans, d'un Seigneur de Torcy, de Jacques Batard de la Trimouille, & d'autres Poëtes du temps.

Il y a dans ce Recueil une Chanson Angloise que le Prince fit apparemment pendant sa prison en Angleterre, où il resta 25 ans, & plusieurs Chansons Françoises. Celle-ci peint des mœurs peu éloignées des nôtres.

(1) Aimoin. Le Laboureur.

O

O TRÈS-dévotes créatures
En hypocrisie d'amours ,
Que vous querez (1) d'étranges tours,
Pour venir à vos avantures !
Vous cuidez (2) bien , par vos paintures,
Faire sots avengles & sourds :
O très-dévotes , &c.
On ne peut desservir deux Cures ,
Ne prendre gages en deux Cours :
Prenez les champs ou les faubourgs ,
Ils sont de diverses natures.

Depuis le Duc d'Orléans , oncle de François I , jusqu'aux beaux jours de ce Monarque appellé *Le Pere des Lettres* , il n'y a gueres que Villon qui mérite d'être cité. On a de lui quelques Ballades , & ce genre , ainsi que l'indique assez le nom seul , appartient à la Chanson.

C'est au regne de François I , ou bien près de son temps , que l'on fixe l'origine du VAUDEVILLE , Chanson vulgaire (3) qui est la même chose que la *Passacaille* Espagnole (4) , ainsi nommée Chanson de Ville ou des rues , par opposition à la *Villanelle* , Chanson Païsanne.

On prétend qu'un Foulon de Vire en Basse Normandie , nommé *Olivier Basselin* , faisoit des Chansons qui furent appellées *Vaux-de-Vire* , parce qu'on les chantoit dans la Ville & sur-tout dans le pays voisin , nommé Vallée ou Vaux-de-Vire. Delà vient par corruption le nom de Vaudeville donné aux

(1) Cherchez.
(2) Croyez.
(3) *Cantilena di trivio.*
(4) Passa-calla.

C

Chanſons qui courent par la Ville ou parmi le peuple.

François I, Prince le plus galant & le plus ſpirituel de ſon ſiécle (1) , aimoit beaucoup la Poéſie Françoiſe, & faiſoit lui-même des vers. On conſerve, à la Bibliothéque du Roi, un monument bien précieux de ſon goût & de ſon génie pour les compoſitions agréables. C'eſt le Recueil de ſes écrits en vers & en proſe, manuſcrit ſur vélin à peu près du temps. On y voit auſſi des Piéces de la Ducheſſe d'Alençon, depuis Reine de Navarre, & de quelques-autres. Toutes ces Poéſies en général ſont marquées au coin du 15e ſiécle, & au ton de galanterie introduit alors dans une Cour dont les femmes commençoient à faire l'ornement. Celles de François I ont cette gaieté naïve que reſpirent Marot & Saint Gelais. On ſera peut-être curieux de voir une Piéce de ce Recueil :

> CELLE qui fut de beauté ſi louable ,
> Que, pour ſa garde , elle avoit une armée ,
> A autre , plus qu'à vous , ne fût ſemblable ,
> Ne de Paris , ſon ami , mieulx aymée.
> Mais il y a différence d'ung point :
> Car à bon droit elle a eſté blaſmée
> De trop aymer , & vous de n'aymer point (2).

Marguerite de Valois, ſœur de François I, grand'Mere d'Henri IV, & ſixiéme Ayeule

____

(1) Il diſoit qu'une Cour ſans Dames , étoit une année ſans Printems , un Printems ſans Roſes.

(2) Cette Piéce eſt de François I.

du Roi, fut appellée *la dixiéme Muse & la quatriéme Grace*, tant parce qu'elle étoit en effet la Princesse de son temps la plus instruite & la plus aimable, que par son talent pour la Poésie, qu'elle n'aimoit pas moins que son frere. Nous n'avons de cette Princesse d'autres Chansons, que des Chansons spirituelles sur des airs du temps.

Si l'origine du Vaudeville ne remonte point au delà du regne de François I, (ce qui n'est pas bien sûr, puisque nous trouvons, sous le regne de Charles VI, une Chanson faite sur le Siége de Peronne attaquée par les Bourguignons), il fit dès-lors au moins des progrès rapides. Tous les Recueils de Chansons de ces temps-là que nous avons vûs, & la seule Bibliothéque du Roi nous en a fait connoître un grand nombre, contiennent de vrais Vaudevilles. On en faisoit sur tous les événemens considérables. Les Guerres de François I & de Charles-Quint ; le Siége de Metz par le dernier ; le désastre de Pavie ; la prise du Roi, & sa longue prison à Madrid ; le passage de Charles-Quint par la France, & son arrivée à Paris ; le combat de Jarnac & de la Chateigneraye ; la mort funeste d'Henri II ; le départ de France de Marie Stuard, Reine d'Ecosse ; les Guerres Civiles ; la mort de Charles IX & celle de la Princesse de Condé ; l'insolence des Mignons d'Henri III ; l'assassinat de ce Prin-

ce, &c. font la matiere de quantité de Vaudevilles qui fe chantoient publiquement ; &
l'on y trouve quelquefois des circonftances
ou des faits même échappés aux Hiftoriens.
Les Chanfons, dans ces anciens Recueils,
roulent prefque toujours fur la Guerre ou fur
la Galanterie : c'étoit ordinairement ou Mars,
ou Vénus qui infpiroit nos Chanfonniers.
Cependant les Malfaiteurs, exécutés pour
leurs crimes, avoient tous leur Oraifon funébre chantée dans les places & dans les rues
de Paris. Cette affreufe maladie que les Troupes avoient apportée d'Italie en France pendant les guerres de Charles VIII, & qui fit
tant de ravages fous François I, eft célébrée
dans beaucoup de Chanfons du temps, imprimées avec permiffion.

Clément Marot & *Saint Gelais* commencerent à montrer, dans la Poéfie badine &
galante, un génie qui fembla s'éteindre ou
s'éclipfer après eux.

De la grande flotte des Poëtes (1), que
produifit le regne d'Henri II, les plus célébres furent *Joachim du Bellay*, qui fut nommé l'Ovide François, *Jodelle*, qu'on peut
regarder comme le fondateur de notre Théâtre, *Ronfard*, *Belleau*, *Jean Baïf*, *Pafferat*,
&c. Comme tous ces Poëtes n'étoient pas
fans talent, quoiqu'on ne puiffe prefque plus
aujourd'hui les lire, au travers de leur bar-

____

(1) C'eft une expreffion de Pafquier.

barie, on y découvre de tems en tems ou
des étincelles de goût, ou d'heureuses naï-
vetés, comme Virgile trouvoit dans le fu-
mier d'Ennius des paillettes d'or.

On ne peut gueres donner, par exemple,
une idée plus riante & plus agréable de la
jeunesse de l'année ou du Printemps, que
celle-ci :

> QUAND ce beau Printems je voy,
> J'apperçoy
> Rajeunir la terre & l'onde.
> Il me semble que le jour
> Et l'Amour,
> Comme enfans, naissent au monde (1).

Et qui a fait un meilleur Portrait de l'A-
mour qu'*Antoine Heroet*, Poëte à peu près
du même tems ?

> J'AI vû Amour pourtrait en divers lieux.
> L'un le peint viel, cruel & furieux ;
> L'autre plus doux, enfant, aveugle, nu :
> Chacun le tient pour tel qu'il l'a connu
> Par ses bienfaits, ou par sa forfaiture.
> Pour mieux au vrai définir sa nature,
> C'est que chacun varie, en son cerveau,
> Un Dieu d'Amour pour lui propre & nouveau ;
> Et qu'il y a dans les entendements
> D'Amours autant que de sortes d'Amants.

Jean Baif mérite ici d'être distingué,
moins pour ses Chansons qui sont en grand
nombre, que pour avoir été l'inventeur des
Concerts ou Divertissemens en Musique,
auxquels on pourroit rapporter l'origine de

(1) Air de la Chanson de Belleau Anthol. T. I. p. 23.

l'Opera. Ces premiers Divertiſſemens don-
nerent au moins l'idée des Ballets & des
Maſcarades qui firent depuis l'amuſement de
nos Cours, juſqu'au regne de Louis XIV. Si
l'Opera ne fut établi que plus d'un ſiécle
après Baif, ce Poëte aura toujours l'honneur
d'avoir ſenti le premier que le François pouvoit avoir une Muſique nationale ; ce que
l'expérience a prouvé, malgré les paradoxes
éloquens du Citoyen de Genêve qui a fait
parmi nous tant de fanatiques.

Il y eut deux Chanſonniers célébres ſous
le regne d'Henri II, *Berenger de la Tour*,
& *Nicolas Renaud*, Provençal, dont les
Chanſons d'Amour furent beaucoup en vogue.

Vers le même temps, *Claude Pontoux*,
de Châlon-ſur-Saône, qui lui-même étoit
Poëte & Chanſonnier, fit un Recueil d'Au-
bades, de Chanſons, de Gaillardes, de Pa-
vanes, de Branles, &c. qu'il intitula (de
deux mots Grecs) *Gelodacrie Amoureuſe*,
c'eſt-à-dire, Mélange galant de Ris & de
Pleurs. Ce Recueil eſt rempli d'imitations
de Petrarque & de quelques-autres Poëtes
Italiens.

Sous Charles IX, & parmi les horreurs
des Guerres Civiles qui durerent juſqu'au regne d'Henri IV, le goût des Chanſons fut
porté plus loin qu'il n'avoit encore été. Celui des Chanſons licentieuſes & impies, qui

avoit commencé sous le regne d'Henri II ,
(1) continua sous ses successeurs avec un tel
excès , sur-tout à la Cour , que dans l'assemblée tenue à Fontainebleau en 1560 , pour
la réforme de l'Etat , on proposa de le réprimer. Parmi les désordres & les misères
publiques , les rues de Paris ne retentissoient
que de Chansons. Il s'en fit en 1561 contre
l'Evêque de Valence & celui de Séez , qui
se chantoient publiquement (2).

Charles IX se mêloit de Poésie lui-même , & n'y réussissoit pas mal. Il avoit aussi
fait quelques Chansons , & dans un moment
de verve ou d'humeur , ce Couplet lui étoit
échappé.

> FRANÇOIS Premier prédit ce point ,
> Que ceux de la Maison de Guise
> Mettroient ses enfans en pourpoint ,
> Et son pauvre Peuple en chemise.

La plupart des airs sur lesquels se chantent nos vieux Noëls , & dont quelques-uns
sont si heureux , furent faits sous son regne
pour les Divertissements de la Cour (3).
Orlande de Lassus , fameux Compositeur de
Chapelle , qui fut attaché à ce Prince , avoit
fait la Musique de beaucoup de Chansons
Françoises & Latines. Parmi ces compositions dont nous avons vu plusieurs volumes ,
on trouve un Motet Bacchique & un Hym-

(1) Histoire de Thou. L.
22.
(2) Ibid. L. 36.

(3) Il s'en est fait plus an-
ciennement sous le regne de
François I.

C iv

ne fur le Vin , d'un goût fingulier. Voici le Motet.

» DIEU, qui avez créé le bon Vin , &
» qui avez permis que cette liqueur fit du
» mal à beaucoup de têtes, confervez-nous ,
» s'il vous plaît, affez de raifon, pour pou-
» voir au moins retrouver notre lit (1) ».

Chriftophe de Bordeaux , furnommé *le Clerc de la Tannerie* , avoit recueilli les Chanfons faites contre les Huguenots, qui ne demeuroient point en refte à cet égard avec les Catholiques (2). Les Poitevins fe fignalerent le plus dans l'ufage de chanfonner les événemens de tous ces temps orageux , & nous trouvons un fameux Chanfonnier d'alors nommé *Agnian* , dont la Mufe étoit à peu près au ton de celle du *Savoyard* , fi célébre fous Louis XIV.

Muret , le fçavant Muret , l'un des Commentateurs de Ronfard , avoit fait beaucoup de Chanfons Françoifes qu'il auroit fûrement bien mieux écrites en latin. Mais les meilleurs Chanfonniers de cet âge font fans contredit *Defportes* & *Bertaut*.

On ne peut réunir plus de galanterie , de douceur , de fadeur , de fécondité , de monotonie , &c. qu'il y en a dans les Œuvres de Defportes. Pétrarque avoit formé ce Poë-

____

(1) *Deus , qui bonum Vinum creafti , & ex eodem multa capita dolere fecifti , da nobis , quæfumus , intellectum , ut faltem poffimus invenire lectum.*

(2) Biblioth. de la Croix du Maine. L. C.

te, intarissable, comme lui, sur l'Amour ;
ou plutôt il lui avoit rendu ce qu'il avoit em-
prunté lui-même des Poëtes Provençaux.

C'étoit toujours pendant le feu de nos
Guerres Civiles, que tous ces Poëtes douce-
reux chantoient leurs amours, ou celles que
les Princes & les grands Seigneurs leur faisoient chanter.

Dans un vieux Chansonnier du même
âge, nous rencontrons une espéce d'Ode
Anacréontique, digne des meilleurs temps,
si toute la diction en étoit soutenue. Le
Poëte feint que l'Amour étant logé chez
Claudine, elle veut s'assurer qu'il ne vio-
lera pas son hospice, & lui fait laisser ses
armes pour gages :

> DEPUIS, ses traits redoutés
> Ne sont plus par lui portés :
> C'est Claudine qui les garde,
> C'est Claudine qui les darde.

Le Regne d'Henri IV est l'âge de *Re-*
gnier, de *Mottin*, de *Malherbe*, &c. On a
des Chansons de ces Poëtes & de bien d'autres, dont les Recueils du temps sont remplis. Malherbe & Regnier, malgré la réputation dont ils jouissent encore, étoient de
foibles Chansonniers. Cela ne dit pas qu'il
ne se soit fait de bonnes Chansons sous ce
Regne. Les esprits exaltés en quelque sorte,
électrisés du moins, si on l'ose dire, par les
mouvemens continuels des deux ou trois

Regnes précédens, par la liberté de penser ou même la licence introduite alors dans tous les Ordres de l'Etat, enfin par le goût de la Satyre, toujours inséparable des troubles, étoient dans cette fermentation, qui préparoit le siécle de Louis XIV. Ce même Regne sous lequel fut achevé le Pont-neuf, est l'époque des Chansons populaires dont il fut depuis le théâtre.

Henri I V qui avoit hérité tout l'enjouement de son ayeule, Marguerite de Valois, Reine de Navarre, aimoit les Chansons ; & il devoit bien les aimer, s'il est vrai, comme on le prétend, que, quand il vint au monde, le Roi de Navarre obligea la Reine, sa mere, de chanter de toutes ses forces, pour étourdir ses douleurs, une certaine Chanson du pays.

Ce Prince fit faire par Malherbe celles qu'il adressa à la Princesse de Condé, dont il étoit fort amoureux ; mais il en fit quelquefois lui-même, témoin ce Couplet impromptu qu'il chanta en soupant chez la Duchesse de Sully, qui étoit fort glorieuse (1):

> Je bois à toi, Sulli,
> Mais j'ai failli ;
> Je devois dire à vous, adorable Duchesse.
> Pour boire à vos appas,
> Faut mettre chapeau bas.

Le goût pour les Vaudevilles & les Chan-

______

(1) C'étoit une Courtenay.

ſons ſatyriques continua pendant tout le Regne de Louis XIII. Aucun événement grave
ou badin de quelque éclat ne put échapper
aux Couplets. Tous les Miniſtres & les Fa-
voris, le Duc d'Epernon, le Maréchal d'An-
cre, le fameux Pere Joſeph du Tremblay, ce
Capucin ſi peu ſéraphique, &c. furent chan-
ſonnés. Le Cardinal de Richelieu, ce Miniſtre ſi redouté, ne fut pas épargné lui-même.

Louis XIII aimoit beaucoup la Muſique,
ſur-tout celle d'Egliſe, & il entendoit la
compoſition. Outre ſes Motets, il avoit fait
encore pluſieurs airs de Chanſons conſervés
dans quelques cabinets de Muſique.

Hugues Gueru, dit *Flechelles*, Comédien
ordinaire du Roi, étoit un Chanſonnier de
ce temps. Les Chanſons de *Gautier Garguille*
ſont de lui.

On a du même âge pluſieurs autres Recueils de Chanſons galantes & Bacchiques,
où il s'en trouve quelques-unes de *Théophile
Viaud* & d'autres Poëtes connus, qui ne ſont
pas trop bonnes.

Dans un de ces Recueils, qui eſt manuſcrit,
le Couplet ſuivant eſt attribué à Rotrou :

QUE de belles choſes
Je vois dans ce Vin !
La couleur des Roſes
Du teint de Catin.
Sa bouche vermeille
Ne me laiſſe pas
Une odeur pareille
A ces doux muſcats.

D'Urfé, *Maynard*, *Saint Amand*, *Des-yvetaux*, l'*Estoile*, & quelques – autres dont on a pareillement des Chansons, soit dans le corps de leurs Œuvres, soit dans des Collections séparées, appartiennent encore à cet âge.

L'*Astrée* est semée de Chansons conformes au caractere de ce Roman, que nous respectons pour sa vétusté, comme on respecte certains vieillards dont on sent médiocrement le mérite, parce qu'on n'a point vécu de leur temps.

Ce Couplet de Maynard sur une vieille Coquette nous paroît assez plaisant.

> REGRETTEZ votre jeunesse,
> Et tâchez de vivre en paix ;
> Un Sermon, une grand'Messe,
> Sont votre lot désormais.
> Et s'il vous vient en pensée
> Le plaisir de l'avoir fait,
> Pour ceux qui vous ont baisée,
> Dites votre chapelet.

Nous voilà parvenus au siécle de Louis XIV, où la Chanson s'est perfectionnée avec tous les autres genres de Poésie.

BOULAINVILLIERS, dans son *Essai sur la Noblesse*, & d'autres avant lui, avoient déja remarqué qu'une partie de notre Histoire est consignée dans les Chansons. En effet, combien de faits singuliers, combien d'Anecdotes, &, osons le dire, de vérités utiles & quelquefois importantes, les Chansons nous ont confervés parmi beaucoup d'inutilités , de fauffetés même ou de calomnies , inévitables dans ce genre ! Que de perfonnages démafqués , ou mieux caractérifés , mieux peints , repréfentés plus naïvement dans un feul Couplet , qu'ils ne peuvent l'être dans l'Hiftoire !

S'il étoit poffible de raffembler toutes les Chanfons hiftoriques faites depuis le commencement de la Monarchie fous chaque Regne , on auroit le fonds d'Anecdotes le plus riche & le plus curieux. A mefure que la Langue Françoife s'eft formée , polie , enrichie , plus la Poéfie a été cultivée chez nous , plus la Chanfon , (genre fi conforme à la gaieté nationale , & de plus à la portée de tous , s'il n'eft pas toujours le plus aifé) , nous eft devenue familiere. Ainfi le Regne de Louis XIV doit avoir produit , comme il a produit fûrement , plus de Chanfonniers & de Chanfons que tous les autres Regnes. On formeroit une Bibliothéque des feules Chanfons hiftoriques dont il y a dans les cabinets des Recueils plus ou moins nombreux. A l'égard des Chanfons Galantes & Bacchiques , imprimées , gravées , manufcrites , on fe perd dans l'immenfité des volumes.

Une Hiftoire du dernier Regne exacte & fuivie , toute en Chanfons , ne feroit ni un ouvrage impoffible , ni peut-être un projet méprifable. Depuis la naiffance de nos Prin-

ces, que quelques Muses Chansonnieres ont
toujours soin de célébrer, peu de circonstances de leur vie, connues du public, passent
sans quelque Couplet qui fasse une époque;
& ces Couplets sont les médailles de cette
classe de Curieux qui forment des Collections ou des Porte-feuilles.

En temps de Guerre, point de Bataille
gagnée ou perdue sans un Vaudeville. Le
François chante ses conquêtes, ses prospé-
rités, ses défaites, ses miseres même & ses
maux. Battant ou battu, dans l'abondance
ou dans la disette, heureux ou malheureux,
triste ou gai, il chante toujours, & l'on di-
roit que la Chanson est son expression naturelle. Enfin, dans toutes les circonstances
où l'on parlera des François, on pourra toujours demander, comme faisoit le feu Roi
de Sardaigne : *Eh ! comment va la petite
Chanson ?*

Sous la minorité de Louis XIV, les Poëtes alors en réputation, étoient Malleville,
Voiture, Sarasin, Boisrobert, Scarron, &c.
mais les Chansons de la plupart sont très-
peu de chose. On sçait que c'étoit le temps
des langueurs, des fadeurs, des morts éter-
nelles & métaphoriques.

Voiture, si célébre en son temps, avec
de la littérature & beaucoup d'esprit, roule
sur un très-petit fonds d'idées. L'Amour étoit
alors parmi nous un vrai culte. De la simpli-

cité naturelle & par fois cynique de Marot
& de ses successeurs , on avoit passé à l'ido-
lâtrie. Or , pour bien juger les Poëtes des
siécles qui ont précédé celui-ci , il faut non
seulement connoître l'esprit général de leur
temps , mais sçavoir encore démêler ce que
chacun d'eux en a pu tirer , ce que chacun
y a mis du sien. Voiture , né 30 ou 50 ans
plus tard , auroit eu le badinage de Chapelle
ou la légereté de Chaulieu.

Sarasin paroît avoir eu plus de talent pour
la Poésie ; mais ses Chansons , bonnes pour
son temps , sont assez fades pour le nôtre.

Boisrobert est nommé par Furetiere (1) le
premier Chansonnier de France. La Chanson qu'on a rapportée de lui (p. 48. T. I)
fut faite pour Mlle de Villeneuve , éleve de
Lambert , & fille de Villeneuve , Dentiste
du Roi.

Pour *Scarron* , jamais personne n'eut plus
de gaieté naturelle , & n'en mit plus dans ses
productions. Mais ses galanteries , quand elles ne sont pas polissonnes , sont au ton dou-
cereux des autres.

Après ces Poëtes , viennent Chapelle ,
Desbarreaux, Saint Pavin , Patrix , Charleval , tous hommes d'un tour d'esprit différent , & qui commencerent à former le goût
de leur âge.

Chapelle , moins galant que bon convive ,

____

(1) Dans la Requête des Dictionnaires.

avoit fait beaucoup de Chanfons Bacchiques, inférées dans les Recueils de fon temps.

Desbarreaux & *Saint Pavin* étoient d'ingénieux libertins, auffi gens de plaifir & aimant la table, qui firent fouvent un coupable abus de leur efprit & de la Chanfon.

Patrix, dont le caractere fimple & naturel approchoit beaucoup de celui de la Fontaine, avoit, comme on l'a dit de quelqu'un, tout fon efprit en bon fens. Il y a peu de Chanfons de lui.

Quant à *Charleval*, on ne peut en donner une plus agréable idée, qu'en donnoit Scarron, lorfqu'il difoit, pour défigner fon goût & fa délicateffe, que *les Mufes ne le nourriffoient que de blanc-manger & d'eau de poulet.*

Le fameux *Pierre Goudelin*, ou en Gafcon *Goudouli*, Poëte Languedocien, appartient aux premiers tems de Louis XIV. Ses Poéfies, toutes Languedociennes ou Gafconnes, font dans le genre tendre & délicat, & contiennent quelques Chanfons.

Nous placerons ici le Menuifier de Nevers, *Maître Adam*, & un Artifan d'Angoulême nommé *Olivier Maffias*, dont parle Baillet (1), qui faifoit, dans le même tems, des vers & des Chanfons. Ces deux hommes repréfentoient Apollon prenant tantôt la truelle & tantôt la lyre.

Mais les vrais Chanfonniers d'alors, (de

(1) Jugemens fur les Poëtes.

l'enfance

l'enfance de Louis **XIV**), étoient Blot ,
Hotman & Marigny.

Personne n'ignore combien la minorité de
ce Prince & la Régence d'Anne d'Autriche
furent agitées. Qui ne connoît pas les *Maza-*
rinades , & tout ce que la Fronde enfanta de
Satyres & de Vaudevilles ? *Chauvigny* , Baron de Blot, qu'on appelloit dans sa jeunesse
Blot-l'Esprit , fut présenté par l'Abbé de la
Riviere à M. Gaston , Duc d'Orléans ; il fut
d'abord attaché à ce Prince par une Charge
dans sa maison, & les agrémens de son esprit
l'en firent aimer. Mais il étoit licencieux , satyrique , & quelque chose de plus. C'est des
Chansons de Blot que Mme de Sevigné disoit
à sa fille , *Qu'elles avoient le diable au corps.*

Le Cardinal Mazarin , fatigué des Chansons que Blot faisoit continuellement contre
lui , vint à bout de le gagner ; ce qui obligea Monsieur de renvoyer le Baron. Blot pi-
qué , se livrant à toute l'humeur que faisoit
tolerer ce temps de licence , osa chansonner
Monsieur ; mais n'étant pas payé de la pen-
sion que le Cardinal lui avoit fait donner , il
se tourna contre celui-ci , rentra dans les
bonnes graces de Monsieur , & lui resta fort
attaché jusqu'à sa mort.

Hotman étoit encore un Chansonnier de
parti ; mais le plus redoutable & le plus em-
ployé , fut l'Abbé *de Marigny* , qui étoit le
Chansonnier de la Fronde.

D

Pendant le blocus de Paris, il ne se pasſoit pas de jour qu'il ne fît de nouveaux Couplets contre le Cardinal Mazarin. Tant que dura la priſon des Princes (1), il inonda Paris de ſes Vaudevilles. Le Coadjuteur (2) avoit ſa Muſe à ſes ordres, &, comme il dit dans ſes Mémoires, *il détachoit* Marigny contre tous ceux qu'il vouloit rendre ridicules. Dans le démêlé du Prince de Conti avec le Duc d'Elbeuf, le Coadjuteur, qui favoriſoit le premier, fit faire par Marigny ce fameux Couplet, l'original de tous les Triolets ſatyriques qui coururent depuis :

Monſieur d'Elbeuf & ſes enfans, &c.

Marigny penſa payer cher l'uſage indiſcret qu'il avoit fait de ſon talent pour ce genre. Il y eut des ordres pour l'arrêter, & il fut obligé de ſuivre le Prince de Condé dans ſa retraite en Flandre.

Le débordement des Chanſons de table, & ſur-tout de celles qui étoient mêlées d'impiétés, fut porté dans le même tems à l'excès, & Blot en avoit fait beaucoup de cette eſpece. On voit dans les Mémoires du Cardinal de Retz (3) les plaintes qu'en faiſoient les Eccléſiaſtiques, & l'embarras du Coadjuteur pour les réprimer.

Dans les Chanſons purement galantes,

<hr>

(1) Les Princes de Condé, de Conti, & le Duc de Longueville.

(2) Depuis Card. de Retz.

(3) Tom. 1. L. 2.

les *Rochers* furent long-temps à la mode.
Ce fameux Lambert, dont on a dit, *qu'il
n'avoit jamais fait qu'un air*, Boeſſet, &
quelques-autres, avoient mis beaucoup de
ces Rochers en Muſique. Nous nous rappellons, entr'autres, une Chanſon de ce genre,
qu'on ne s'aviſoit point alors de trouver plai-
ſante, ſur-tout lorſqu'elle étoit chantée par
Lambert, ou par quelqu'un de ſes éleves,
& qui nous paroîtroit bien ridicule :

ROCHERS, vous êtes ſourds, vous n'avez rien de tendre,
Et, ſans vous ébranler, vous m'écoutez ici :
L'ingrate que j'adore eſt un rocher auſſi,
Mais hélas ! elle fuit, ſans me vouloir entendre.

Nous rencontrons vers ce tems-là un très-
pitoyable Chanſonnier, nommé *Bouillon*,
qui fit cependant deux Couplets paſſables
pour Mademoiſelle de Montpenſier. Madame de Choiſy, femme d'eſprit, mere du
célébre Abbé Choiſy, qu'elle gâta ſi bien
dans ſa jeuneſſe, qu'il étoit encore à 60 ans
auſſi gâté qu'on puiſſe l'être à cet âge, étoit
petite fille d'un Chancelier d'Henri IV ; &
parce que ſa mere avoit été une belle femme, elle diſoit à Mademoiſelle qu'elle pourroit bien être ſa parente. Les Couplets que
voici roulent ſur cette chymere.

I.

QUE mon grand'Pere	Cela ſe peut bien croire ;
Ait convoité,	Et je le veux bien,
Votre grand'Mere,	Encore que l'hiſtoire
Pour ſa beauté,	Ne m'en diſe rien.

I I.

<table>
<tr><td>J E fuis contente
   D'avoir , en vous ,
Une parente
Digne de nous.</td><td>Les gens du côté gauche
   Ont beaucoup d'efprit :
Que fans aucun reproche ,
Cela vous foit dit.</td></tr>
</table>

Benferade, ce Poëte facile , qui , avant l'établiffement de l'Opera , faifoit la plupart des paroles des Ballets & des Divertiffemens de la Cour , peut être regardé comme le précurfeur de Quinault. Cependant fa Poéfie Lyrique & fes Chanfons fe reffentent encore du ton de fadeur qui dominoit dans toutes les galanteries de ce tems : auffi étoit-il le Chanfonnier de Lambert.

L'Abbé *Perrin* , l'inventeur ou le fondateur de l'Opera , avoit affez de génie pour la Poéfie chantante ; & quoiqu'on ne puiffe plus aujourd'hui fupporter la lecture de fes mauvais Drames Lyriques , peut-être a-t-il un peu contribué à former l'Auteur d'Armide. On a de lui quelques Chanfons qui ne font pas mal faites.

Quinault a fait peu de Chanfons ; mais , comme l'a nommé la Bruyere , quoique dans un fens différent du nôtre , c'eft le Phénix de la Poéfie chantante , ou le plus excellent modéle que puiffent étudier les Chanfonniers mêmes , tant pour la Poéfie de fentiment , que pour la douceur & la molleffe des vers. Quelqu'un a dit *qu'il avoit défoffé la langue :* expreffion énergique & plaifante qui le caractérife très-bien.

On a quelques Chansons de cinq Poëtes presque du même tems, qui sont la Sabliere, Monstreuil, Liniere, le Pays & Boursault.

La Sabliere est le coryphée du Madrigal, genre à peu près passé de mode. Le peu de Chansons qu'il a faites respirent cette galanterie délicate qui distingue ses Madrigaux.

Mathieu de Monstreuil, qui remplissoit de ses vers les Recueils de Barbin, a du naturel & de la facilité.

Liniere, Poëte satyrique & mordant, quoique maltraité par Boileau, n'étoit certainement pas sans génie, & peut-être est trop peu connu. Il fit à Chantilly sur le champ ce Couplet pour le grand Condé :

LORSQUE le Dieu Mars en personne
Se présente dans les Combats,
Si Condé ne s'y trouve pas,
La fête n'est pas bonne.

Le Pays, dans toute son Œuvre galante, qui a pour titre *Amitiés*, *Amours & Amourettes*, n'a pas une Chanson à retenir.

Boursaut, né avec beaucoup d'esprit naturel qu'il a fait assez bien valoir, n'a gueres fait que quelques Chansons à table.

Pour ne rien oublier, nous rapporterons au même temps deux Chansonniers du Pont-neuf, célébres en leur genre. Le premier, est le *Savoyard*, dont il est parlé dans la 9e Satyre de Boileau. L'autre est le Cocher de M. de Verthamont, pere de l'ancien Premier Préſident du Grand Conſeil. Le Couplet que celui-ci fit ſur la mort de Monſieur & de Madame Tardieu, aſſaſſinés le 30 Août 1665, mérite, par ſa tournure ſinguliere, d'être placé dans nos faſtes :

> Des Voleurs inſolents,
> Qui n'avoient point d'argent,
> Ont, d'humeur incivile,
> Aſſaſſiné Monſieur
> Lieutenant, plein d'honneur,
> Criminel de la Ville (1).

Quelle foule d'autres Chanſonniers moins connus ou totalement ignorés nous pourrions joindre à ceux-là ! La Satyre, ſur-tout en Chanſons, n'eſt jamais avouée ; & depuis Marigny, que de Couplets ſatyriques & de Vaudevilles ſur les événemens d'un auſſi long Regne que fut celui de Louis XIV !

Colbert, le ſucceſſeur de Fouquet dans l'adminiſtration des Finances, mais le reſtaurateur du Commerce & le pere des Arts, Colbert fut en but aux fureurs de cette Hydre, toujours renaiſſante chez nous : & quel Miniſtre en fut exempt après lui ?

Les affaires civiles, celles de l'Egliſe, les intrigues & les galanteries tant de la Cour que de la Ville, les aventures publiques ou

---

(1) Charles Robinet, Continuateur de la Gazette Poétique de Lorret, obſerve à cette occaſion : 1°. Que ce Magiſtrat fit ſes fonctions au-delà de ſa vie, puiſqu'il fit rouer les Aſſaſſins, 2°. Que, pour flatter la paſſion de ce couple avare, même après ſa mort, on ne fit qu'un enterrement pour les deux époux, & qu'ils furent mis dans le même tombeau.

secretes, tout devint matiere à Chanſons. Avant la révocation de l'Edit de Nantes, les Miniſtres de Charenton, les Drelincourt, les Meſtrezat, les Daillé, &c. entendoient retentir de leurs noms un Couplet malin, qu'on chantoit également dans les deux partis. Viennent l'affaire du Janſéniſme, la deſtruction de Port-Royal, & ſes ſuites : Chanſons ſans nombre de toute part. Et Jéſuites & Janſéniſtes ſont livrés indiſtinctement aux *flons-flons*. Le Quiétiſme, le Quelléniſme ſont tour à tour traduits en Chanſons ; on y met juſqu'à la Bulle *Unigenitus*.

Nulle circonſtance de la Paix ou de la Guerre n'échappe enfin aux traits piquans du Vaudeville. Amis, Ennemis, Généraux vainqueurs ou vaincus, tous ſont l'objet de quelque Chanſon.

On feroit un très-gros volume des ſeuls Vaudevilles Grivois faits pendant les dernieres Guerres du feu Roi, & il y en a d'excellens, ſi ce n'étoient preſque toujours les plus ſatyriques. Bornons-nous ſur cet article à ce ſeul Couplet fait après la Bataille de Fleurus en 1690. On fait parler les Hollandois commandés alors par le Prince de Waldeck.

COMPAGNONS, pourquoi nous abattre ?
Ne ſongeons qu'à doubler le pas.
Luxembourg fait le Diable à quatre :
Ayons des pieds, s'il a des bras.
  Car des Etats (*bis*)
Nous avions ordre de combattre,
De vaincre nous ne l'avions pas.

Reprenons la suite des Chansonniers les plus célébres jusqu'à la fin de ce Regne.

Coulange étoit sans contredit le premier Chansonnier de son temps, mais il seroit au moins fort médiocre aujourd'hui. C'étoit un homme d'un commerce aimable, & qui vivoit dans la meilleure compagnie de France.

Pavillon, plus pur, plus correct, a fait, parmi beaucoup de choses agréables, quelques Chansons d'un tour délicat.

De la Fond, Parisien, Capitaine de Dragons du Régiment de la Reine, qu'il ne faut pas confondre avec *Lafont*, Auteur des *Fêtes de Thalie*, & de plusieurs autres Piéces de Théâtre, étoit un agréable débauché qui faisoit facilement des Chansons (1). Il étoit de la société de MM. de Vendôme.

Le Marquis *de la Farre* & l'Abbé *de Chaulieu*, qui contribuoient tant aux plaisirs du Temple par les agrémens qu'ils répandoient dans la même société, s'amusoient quelquefois avec Polymnie. On peut leur joindre encore le Duc *de Nevers* (Philippe - Julien Mazarini-Mancini) dont on a, parmi d'autres Poésies qui sont imprimées, un *Abrégé de l'Histoire de France depuis la 3e Race de nos Rois*, mis en Chansons.

Environ dans le même temps, le Duc & le Chevalier de *la Ferté*, gens de plaisir &

(1) Il y en a beaucoup dans les *Parodies* & dans les *Tendresses Bacchiques*, publiées par Ballard, le Pere.

bons convives, faifoient auffi des Chanfons, principalement des Chanfons de table, & la plupart font inférées dans les *Tendreffes Bacchiques*. En voici une du Chevalier.

Si tu veux, fans fuite & fans bruit,
Noyer tous tes chagrins & boire à ta Maîtreffe,
Viens : je fçais un réduit
Inacceffible à la trifteffe.
Là, nous ferons fervis de la main d'une Hôteffe (1)
Plus belle que l'Aftre qui luit ;
Et mêlant au bon Vin quelque peu de tendreffe,
Contens du jour, nous attendrons la nuit.

Le Duc de *la Ferté* s'étant raccommodé avec la Ducheffe, fa femme, donna à cette occafion un repas, & fit à table ce Couplet :

Je fens, pour vous, renaître dans mon ame
Tous les tranfports d'une amoureufe flammme ;
Mais,
Si vous n'étiez pas ma femme,
Vous ne la feriez jamais.

Regnard a tant de titres au Parnaffe, que celui de Chanfonnier n'ajouteroit pas beaucoup à fa gloire. Cependant, comme il aimoit la table & tous les plaifirs de la fociété, on a de lui plufieurs Chanfons.

Le Poëte *Lainez*, dont le caractere, le genre de vie, & les talens font décrits dans le *Parnaffe François*, fe piquoit principalement d'être Chanfonnier, & fon Muficien,

(1) C'étoit la Maîtreffe du *Petit-Pere-Noir*, fameux Cabaret de la Place Maubert. Il faut obferver qu'alors il n'y avoit point de *Petites-Maifons*. Les hommes de tout rang alloient bourgeoifement au Cabaret, pour y être libres, comme quelques Seigneurs Anglois y vont encore à Londres.

étoit *Moreau*. Quelques-unes de ses Chansons de table sont bien faites.

Madame *de Saintonge*, venue comme lui dans un temps où la politesse de la Langue influoit sur tous les genres de Poésie, la fit sentir dans ses Chansons. Elle en a fait un assez grand nombre, tant de galantes que de Bacchiques.

Du Bousset ou *De Bousset*, Maître de Musique de la Chapelle du Louvre, bon Compositeur en ce genre, donnoit tous les ans un volume de Chansons, & il remplit, sans interruption, cette tâche pendant 34 ans. Les principaux Auteurs des paroles sur lesquelles il faisoit des Airs, étoient *Morfontaine*, Gentilhomme de Brie qui avoit été Mousquetaire; *Camille de Barcos*, Intendant de la Maison de Villeroy; *Bauderon de Senecé*, dont on a beaucoup de Poésies; *Rochebrune*, auteur des paroles de la Cantate d'Orphée, le chef-d'œuvre de Clairambault, & plusieurs autres.

On trouve encore, dans les anciens Recueils de Ballard le pere, quelques Chansons d'un caractere tendre de *Matho*, Maître de Musique de Madame la Dauphine, mere du Roi.

Le goût des Parodies, genre bien plus ancien qu'on ne croit, mais dont il n'est pas aisé de fixer l'époque, commença du moins sous ce regne à se perfectionner avec la Chanson.

Saint Gilles, qui avoit été dans les Mouſ-
quetaires, & qui eſt l'auteur de l'*Origine des
Oiſeaux*, Poëme ingénieux fort connu, avoit
fait des Chanſons & des Parodies. Il y a bien
des choſes de lui dans les Recueils de Ballard, & dans la *Muſe Mouſquetaire*, Collection du temps.

On a auſſi quelques Parodies de la Comteſſe *de Murat*, & il fut un tems où tout le
monde ſe piquoit d'en faire.

Vers ce temps ont fleuri *Rouſſeau*, pere
de la Cantate Françoiſe, & très-excellent
Chanſonnier ; *La Mothe*, eſprit ſouple, facile, & créateur de ſes talens ; *la Faye*,
homme de beaucoup de goût ; l'Abbé *Nadal*
& *Danchet*, bien ſubordonnés à ceux-là, &
tous deux dans le *mezzo-termine*. On a de
chacun quelques Chanſons.

Quelque ſoit l'Auteur des fameux Couplets
attribués à *Rouſſeau*, cet ouvrage eſt le plus
déteſtable abus du talent dont ce ſiécle ait
donné l'exemple. Celui qui regarde *Danchet*
(1), eſt le moins injurieux de tous, & le
ſeul qu'on puiſſe trouver un peu plaiſant.
Tremoliere faiſant un jour le portrait de cet
eſtimable Académicien ne pût retenir un ris
éclatant qui lui échappa tout à coup. » J E
» gage, lui dit Danchet, ſans ſe déconcer-
ter, » que je devine ce qui vous fait rire.

(1) J E te vois, innocent Danchet,
     Grands yeux ouverts, bouche béante, &c.

» Le maudit Couplet, en me regardant,
» vous eſt revenu dans l'eſprit ». Tremoliere
avoua le fait, & Danchet convint de bonne
grace que ce Peintre auroit de la peine à le
faire plus reſſemblant.

Nous comprendrons, ſous la même époque, le Marquis de *Saint Aulaire*, le Chancelier de *Maleʒieu*, l'Abbé *Geneſt*, & généralement tous les beaux eſprits de la Cour
de Sceaux, dont il y a des productions très-
agréables dans notre genre.

Vergier, qui a fait de tout, des Contes,
des Fables, des Epîtres, & un grand nombre de Chanſons eſtimées particulierement
de Rouſſeau, fut le premier Parodiſte de ſon
tems. C'eſt à lui que nous fixerons la derniere Epoque qu'il nous reſte à parcourir,
& nous daterons de la Régence.

Le Gouvernement, entre les mains d'un
Prince habile & très-éclairé, fut tranquille
au dehors, & préſervé au dedans des troubles civils, dont peu de Régences, dans ce
Royaume, ont été exemptes ; mais il y eut
des événemens qui cauſerent des fermenta-
tions ſingulieres. Le ſyſtême de Law ; le pa-
pier ſubſtitué à l'argent ; les établiſſemens de
la Louïſiane ſous le nom de Miciſſipi ; les
révolutions preſqu'incroyables que les varia-
tions des Finances firent dans la fortune &
dans la condition des particuliers ; les affaires de l'Egliſe qui continua d'être agitée ſous

la Régence, & long-temps après, tout fut chanſonné : on n'épargna ni Grec ni Troyen.

Aux Chanſons Satyriques & aux Vaude-villes, ſuccederent les *Brévets de Calotte*, qui pendant quelques années remplirent à peu près le même objet ; mais ces Brevets ne ſe chantoient point, & le François veut chan-ter. On revint donc aux Chanſons, & les Parodies furent plus en vogue que jamais.

Ferrand, dont on a des Epigrammes bien faites, mais un peu fortes d'épices, avoit pa-rodié beaucoup d'airs de Clavecin de Fran-çois Couperin, célébre Organiſte.

Dufreſny, bon Poëte Comique, fut en même temps un Chanſonnier d'un goût & d'un caractere particuliers à lui ſeul. Sans ſçavoir beaucoup de Muſique, il faiſoit or-dinairement l'air de ſes Chanſons, & il en a de très-plaiſantes.

Quand *La Monnoye* n'auroit jamais fait que ſes Noëls Bourguignons ſi remplis de ſel, il mériteroit un rang diſtingué parmi les Chanſonniers de ſon âge.

On peut encore, ſans donner trop d'ex-tenſion ou à l'eſpece ou au genre, compter parmi les Chanſonniers *Dancourt*, *le Grand*, & tous les Auteurs de Piéces à Divertiſſe-mens, dont quelques-unes ſont terminées par les plus jolis Vaudevilles. C'étoit le talent particulier de *le Grand* que ces Vaudevilles Comiques, & la plupart de ſes Refrains ſont heureux. Le *Diablezot* , le *Je ne fçais qu'est-ce* , *Comment faire* , &c. font d'un fel un peu gros, mais très-gais ; peu de Couplets ont été plus chantés que ceux-là.

Gillier & *Mouret* , Compofiteurs agréables, ont excellé dans les Airs des Vaudevilles.

L'OPERA COMIQUE eft un genre que les Chanfonniers revendiquent , & qui fans doute leur appartient. On fixe communément l'époque de ce Spectacle amufant au temps de la Régence ; & quoique la Comédie en Chanfons foit bien plus ancienne (1) , on peut fe difpenfer de remonter plus haut.

L'Abbé *Pelegrin* (2) , ce Verfificateur fi fécond, qui avoit fait , à ce qu'on prétend , trois ou quatre cens mille vers en fa vie , eft un des premiers fondateurs de l'Opera Comique , dont *le Sage* , *Dorneval* & *Fufelier* furent fi long temps les foutiens. Il avoit du talent pour le genre Lyrique , & beaucoup de facilité pour toute efpéce de vers chantans. Si l'on veut diftinguer ces Coupleteurs des Chanfonniers , proprement dits , il faut au moins reconnoître , qu'ils n'ont pas peu contribué à perfectionner la Chanfon.

Haguenier , Bourguignon, homme de plai-

____

(1) Voyez la Préface du Théâtre de M. Favart.

(2) Ce bon Abbé qui étoit Prêtre , & de plus Religieux Servite , pour avoir fait fucceffivement des Cantiques facrés & des Operas , s'eft attiré cette plaifanterie :

LE matin Catholique , & le foir idolâtre ,
Il dîne de l'Autel , & foupe du Théâtre.

sir, étoit dans le même tems le Chansonnier à la mode. Il a fait aussi beaucoup de Parodies qui ne sont pas excellentes.

Le Brun a parmi ses Epigrammes & ses Madrigaux des Chansons, dont les meilleures sont quelques Chansons Bacchiques, Récits de Basse-taille.

L'Abbé *de Grécourt*, compatriote de Rabelais & de Verville, s'étoit rempli dans sa jeunesse de leur esprit & de leur gaieté. Il imprimoit à tous ses ouvrages ce caractere de plaisanterie que respiroit son entretien ; mais, excepté *Philotanus*, il y a dans tout ce qu'il a fait, dans la plupart de ses Chansons mêmes, des libertés qu'on ne passeroit pas aujourd'hui.

Gallet & *Vadé*, le premier instruit, assez lettré même pour un homme de sa profession & de son humeur, l'autre sans culture, mais tous deux fort gais & bons Coupleteurs, avoient assez de génie pour tous les genres de Chansons. La Guerre terminée en 1748 ayant réveillé le goût des Vaudevilles, les meilleurs qui ayent été faits sont de ces deux Poëtes.

LE même goût pour les Chansons subsiste toujours, & presqu'aussi vif, parmi nous ; mais il paroît avoir bien changé d'objet. On voit peu de Chansons satyriques, & la derniere Guerre n'a peut-être pas produit en tout trois Vaudevilles. On ne fait presque plus de

Chanſons à boire ; on ne chante que des Ariettes. Or la Muſique de ces Ariettes n'a communément guéres d'expreſſion , parce qu'il n'y a rien à exprimer dans la plupart des paroles. Nous en exceptons celles de M. *Favart* , de M. *Sedaine* & de quelques-autres : mais nous nous abſtiendrons d'entrer ſur cela dans aucun détail , attendu que nous nous ſommes impoſé la loi de ne point parler ici des Auteurs vivans.

F I N.

INTERPRÉTATION DES VIEUX MOTS.

Accointa , aborda. Pag. 6.
Affolage , folie. 2.
Amer , aimer. 5.
Cy , ici. 19.
D'avant , ci-devant. 6.
Deuil , chagrin. 17.
Guerdonne , fait don. 15.
Heur , bonheur. 29.
L'Archerot , l'Amour. 21.
Ores que , à préſent que. 15.
Oy , oüi , entendu. 5.
Pieça (de) , depuis long-tems. 5.
Servage , eſclavage. 2.
Tiegne , s'abſtienne. 5.
Tollir , ravir. 3.
Veſprée , ſoirée. 25.

H. Gravelot inv.　　　　　　　　N. le Mire sculp.

Thibaut fut Roi, galant et valeureux
Ses hauts faits et son Rang n'ont rien fait pour sa gloire;
Mais il fut Chanſonnier et ſes Couplets heureux
Nous ont conſervé ſa mémoire.

CHANSONS CHOISIES.

I.

DE THIBAULT, COMTE DE CHAMPAGNE, *Roi de Navarre.* (1)

(1) Sur cet illustre Chansonnier, & sur tous ceux dont les Couplets n'ont point de Notes particulieres, il faut consulter la Préface.

A

Mais, las! mon cœur je n'en puis ô - ter,
Et grand affo - lage, M'est d'esperer :
Mais tel servage Donne courage
A tout en - du - rer.
Et puis comment, comment oubli-er
Sa beauté, sa beauté, son bien dire,
Et son très doux, très doux regarder ?
Mieux aime mon marty - re.

II.

DE RAOUL, COMTE DE SOISSONS.

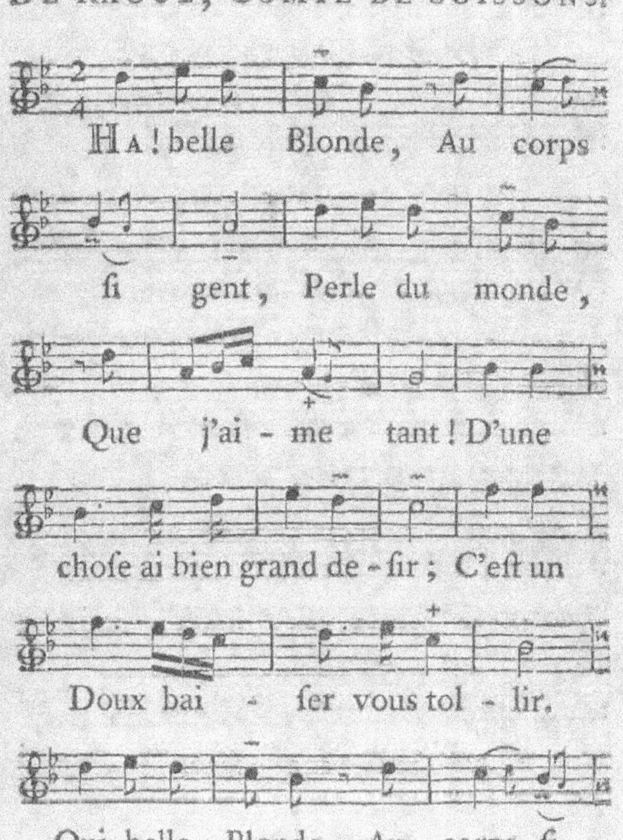

gent, Per-le du monde, Que
j'ai - me tant, Si par for - tu-ne,
Cou - rou-ce - riez, Cent fois pour
une, Le vous ren-drois vou-lon-
tiers: Bel-le Blonde, Au
corps si gent, Per-le du monde,
Que j'ai - me tant,

III.

DE CHARLES DUC D'ORLEANS,

Pere de LOUIS XII.

Tien-gne soy d'a-mer qui pour-ra,
Plus ne m'en pour-roy-e te - nir.
Mon cueur de - vant hier ac - coin -ta
Beauté qui tant la scet che - rir,
Que d'el-le ne veut de - par - tir :
C'est fait, il est sien & se - ra.
Tien-gne soy d'a-mer qui pour-ra,
Plus ne m'en pour-roy-e te - nir.

IV.

DE FRANÇOIS VILLON.

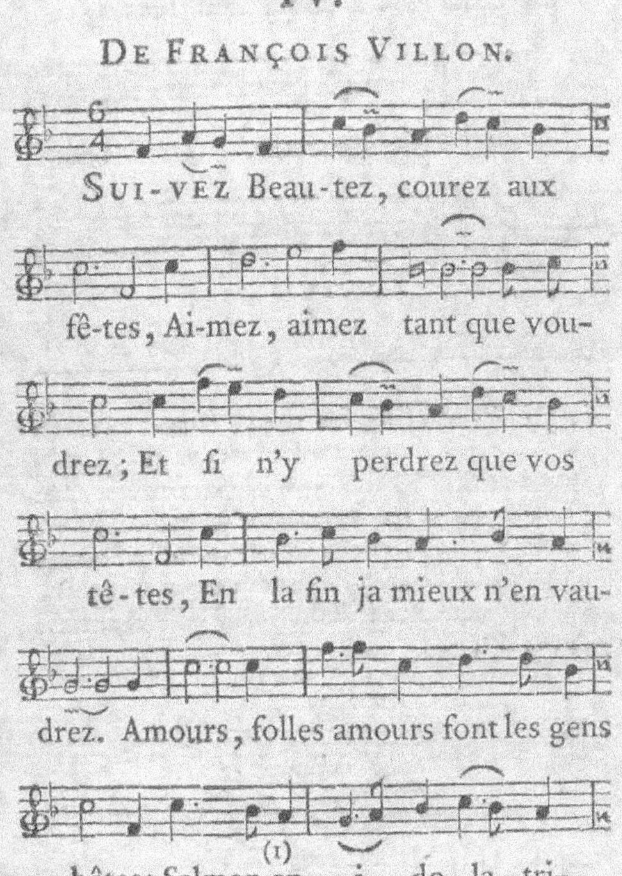

______

(1) Salomon.

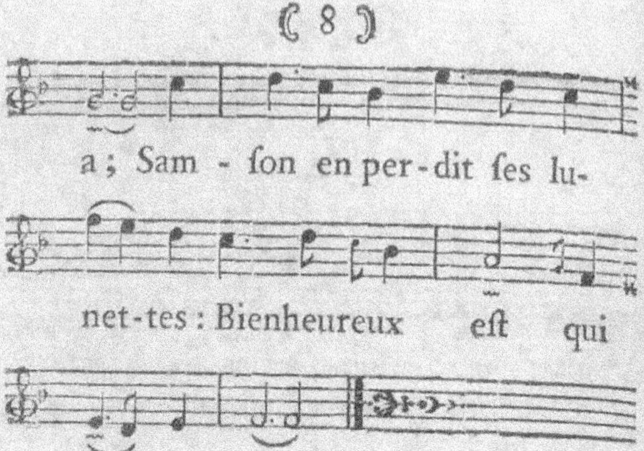

---

(2) *Villon* né à Paris l'an 1431 , & mort vers la fin du XVe. ſiécle , ou au commencement du XVIe. C'étoit un homme de génie , qui , *pour la langue* , dit *Patru* , (on peut ajouter pour la verſification & le ſel poétique) *eut le gout auſſi fin qu'on pouvoit l'avoir en ce ſiécle.* La Fontaine avoit bien profité de ce Poëte qu'on lit encore avec plaiſir. La meilleure édition de ſes Œuvres , eſt celle de la Haye 1742 , *in-8°.*

V.

DE CLÉMENT MAROT.

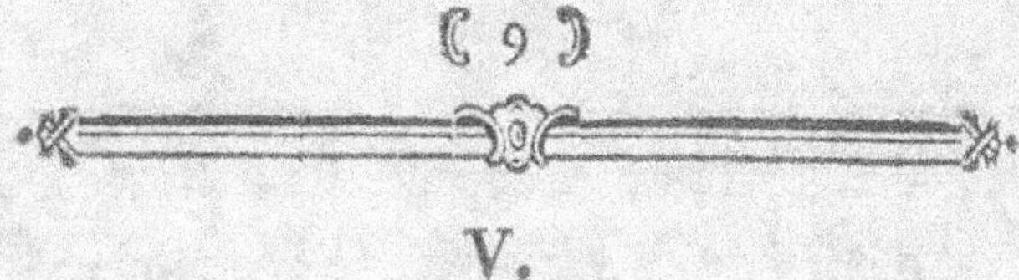

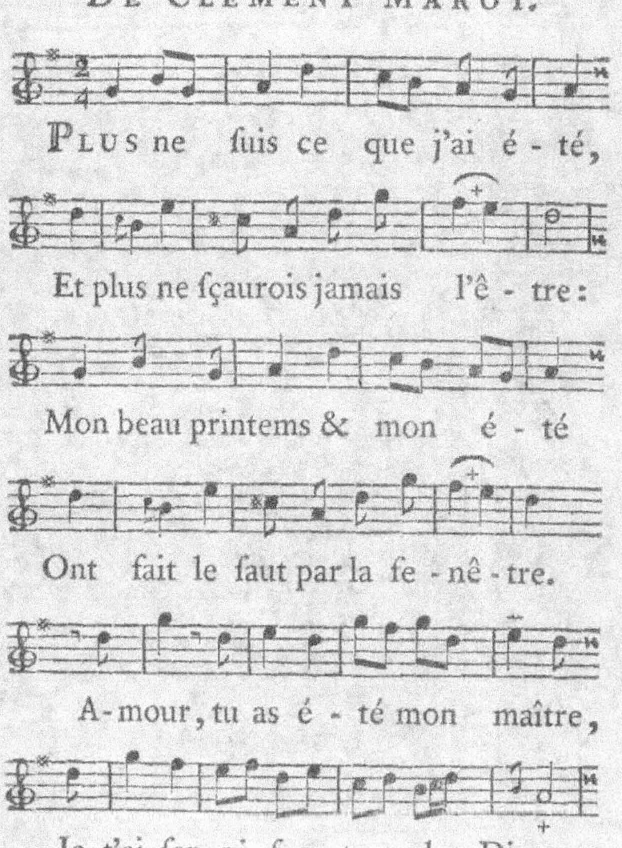

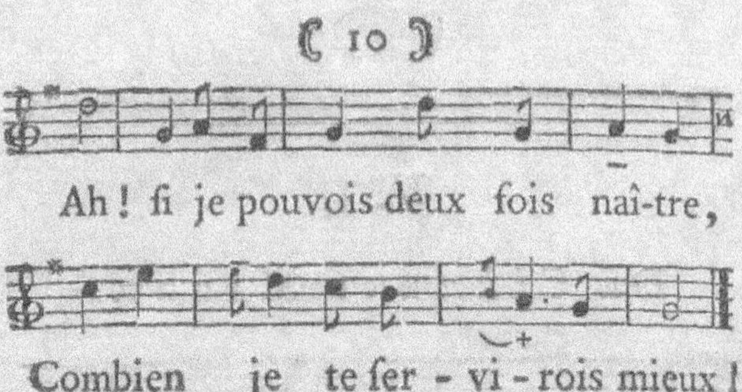

Ah ! si je pouvois deux fois naî-tre,
Combien je te fer - vi - rois mieux !

VI.

du même.

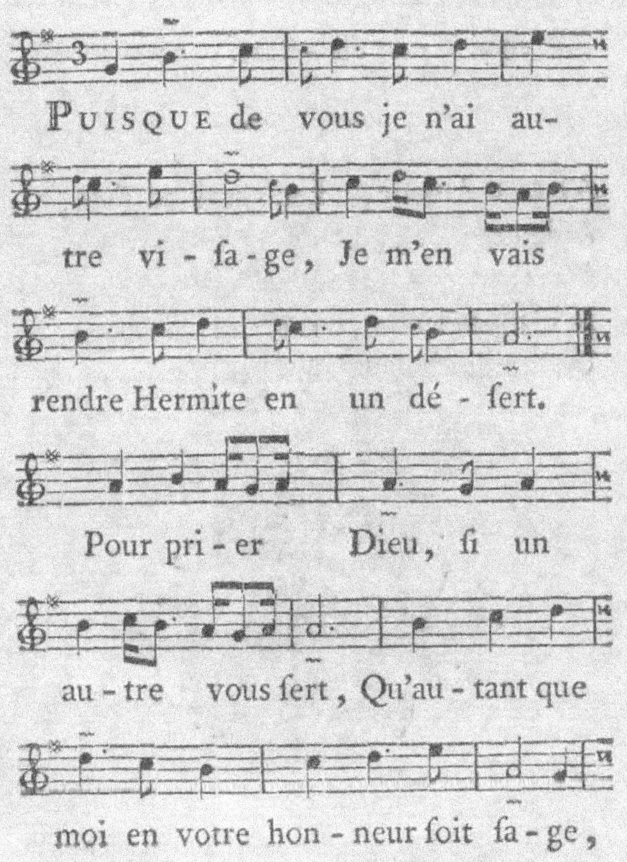

Puisque de vous je n'ai autre vi - fa - ge, Je m'en vais
rendre Hermite en un dé - fert.
Pour pri - er Dieu, fi un
au - tre vous fert, Qu'au - tant que
moi en votre hon - neur foit fa - ge,

ADIEU Amour, adieu gentil corfage ;
Adieu ce rire, adieu ces fi beaux yeux,
Dont un regard fembloit m'ouvrir les cieulx :
Je n'ai pas eu de vous grand avantage.
Un moins aimant, aura peut être mieux.

VII.

De François Premier, Roi de France.

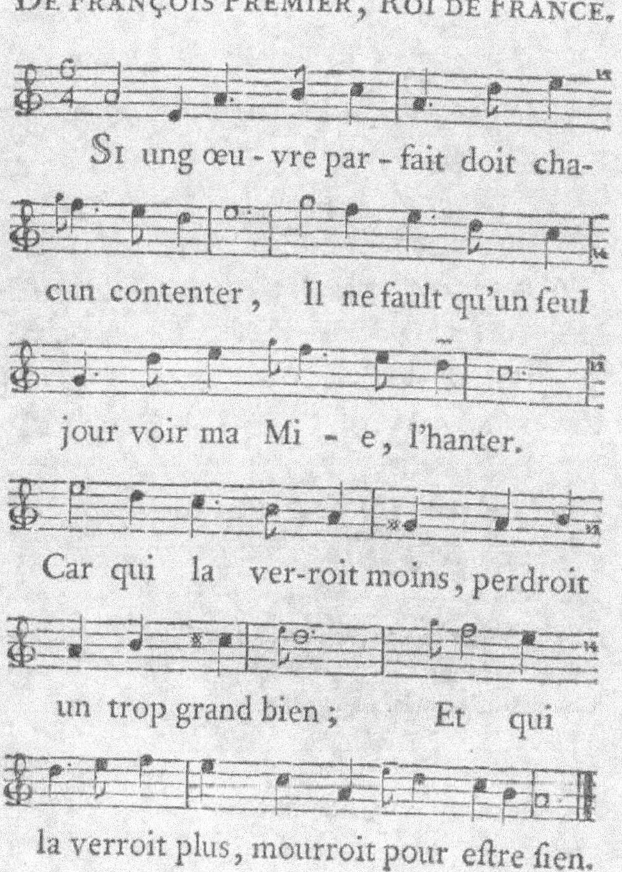

Donc comme vivre puis voulant tous-
jours la veoir,
Mon cueur où gist la vie a tel mal sçust
pourveoir ;
Car delaissant mon corps en tel lieu faict
demeure,
Que le gardant pour lui gardera qu'il ne
meurre.

Aussi mourant a moi & à aultruy vivant
Mon cueur est mieux logé qu'en moi n'es-
toit d'avant ;
Car pour vivre en tel lieu plus doulx est
le mourrir,
Que de pouvoir sans elle & vie & soi
nourrir. (1)

---

(1) Cette Chanson, tirée d'un Manuscrit de la Bibliothéque du Roi, est un peu trop entortillée & tient des
Conceptos Espagnols. La suivante a plus de naïveté.

V I I I. (1)

du méme Prince.

---

(1) Cette Chanfon eft tirée d'un Manufcrit qu'on
affure avoir appartenu au fameux Duc de *Buckingham.*

A - dieu vi - fa - ges de cour:
Pour cueurs faux font les faux biens,
En el - le font tous les miens.
O - res que l'ay fous ma loy,
Plus je regne aymant, que Roy.

I X.

DE MELLIN DE SAINT GELAIS.

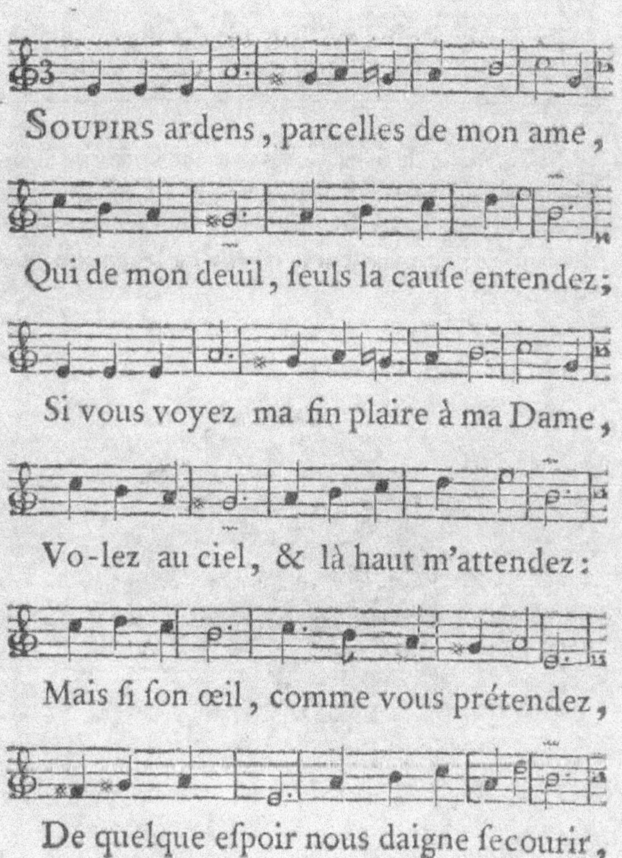

B

Tournez à moi , & l'esprit me rendez,

Je n'aurai plus vo-lon-té de mourir. (1)

---

(1) Mellin de Saint Gelais, qui fut Aumonier & Bibliothécaire d'Henri II, mort en 1558. Ce Poëte qu'on lit encore, ainsi que Marot, étoit caustique & railleur. Ronsard craignoit sur-tout la *tenaille* ou la *pince* de Saint Gelais.

X. (1)

De Marie Stuart, Reine d'Ecosse.

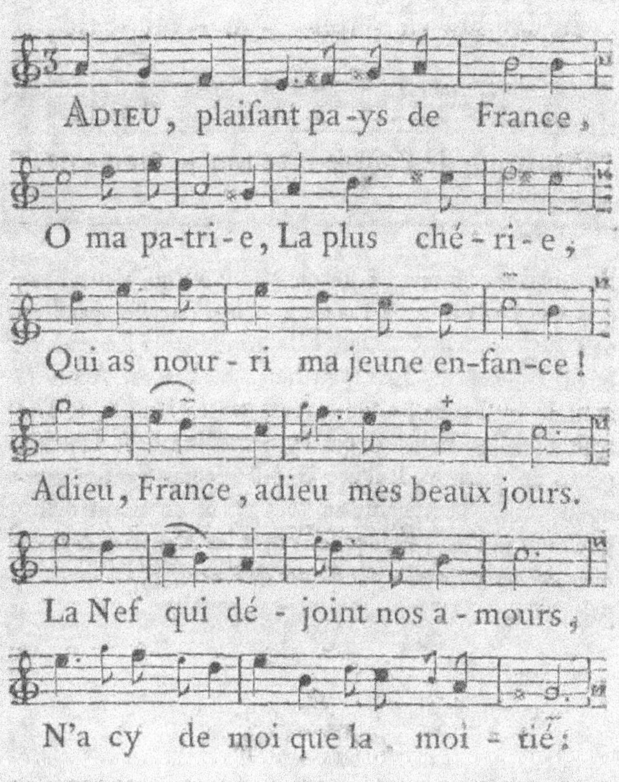

(1) Cette Chanfon, tirée encore du Manuferit de

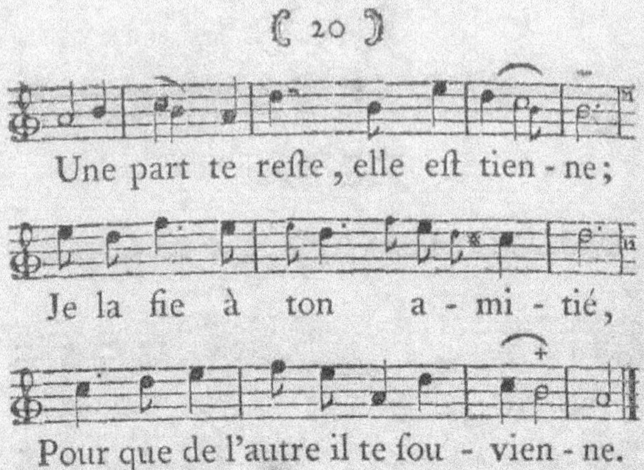

Buckingham, fut faite, fuivant une Note qui s'y trouve,
à la vue des Côtes de France que la Princeffe abandon-
noit avec des regrets infinis. Elle avoit époufé François II.
& fut pendant dix-huit mois Reine de France. Après la
mort de fon Epoux, elle fut renvoyée en Ecoffe, & l'on
fçait tous les malheurs qui l'y accueillirent. A l'intelli-
gence de plufieurs langues & à beaucoup d'autres con-
noiffances, elle joignoit un goût vif & un talent diftin-
gué pour la Poëfie Françoife. Voyez les *Mémoires de Bran-
tôme*, *& les Anecdotes des Reines de France*. T. III. Part. 2.
pag. 381.

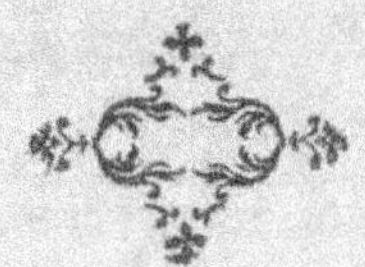

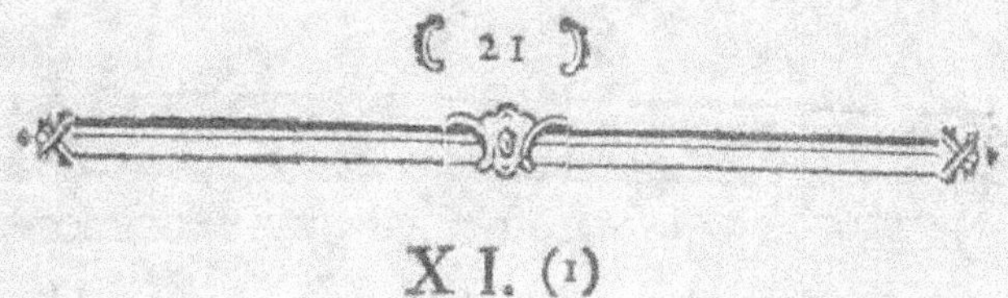

XI. (1)

De Charles IX. Roi de France.

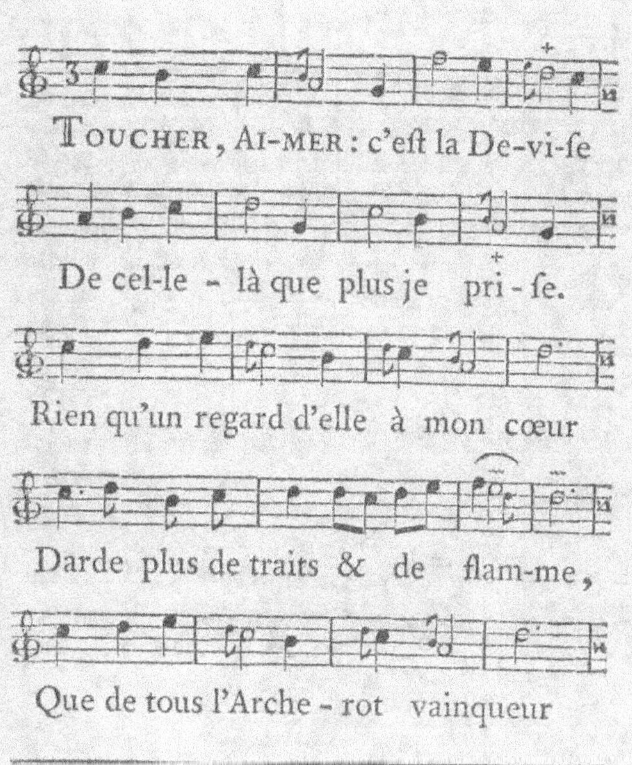

(1) Tiré du Manuscrit de Buckingham.

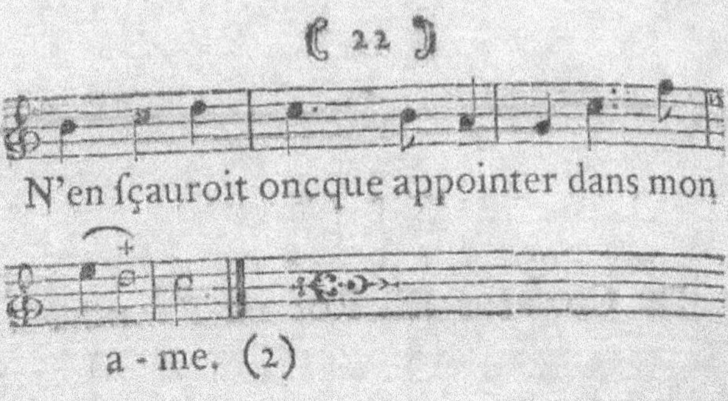

(2) Cette Chanson paroît avoir été faite pour *Marie Touchet*. Les deux premiers mots qui font l'anagramme de son nom, au second T près, qui eſt remplacé par un R, font aſſez ſentir l'alluſion. » Marie Touchet, ſuivant ſon Portrait au crayon fait de ſon temps & vû par l'Auteur des *Anecdotes des Reines de France*, » avoit le viſage » rond, les yeux vifs & bien coupés, le front petit, » le nez bien fait ainſi que la bouche, & le bas du viſage » admirable ». Elle étoit fille d'un Apothicaire. La véritable Anagramme de ſon nom, étoit : *Je charme tout*.

XII.

DE BELLEAU. (1)

(1) Remy Belleau, l'un des sept Poëtes de la Pleyn-
de Françoise formée par Ronsard, qui l'appelloit *Le Peintre
de la Nature*, mort en 1577.

Avril, c'est ta douce main,
Qui du sein
De la Nature desserre
Une moisson de senteurs,
Et de fleurs,
Embaumant l'air & la terre.

C'est toi courtois & gentil,
Qui d'exil
Retire ces passageres,
Ces Arondelles qui vont
Et qui sont
Du Printems les messageres.

C'est à ton heureux retour,
Que l'Amour
Souffle, à doucettes haleines,
Un feu discret & couvert
Que l'hiver
Receloit dedans nos veines.

XIII.

DE BUSSY D'AMBOISE. (1)

(1) C'eſt le célébre Buſſy d'Amboiſe dont Marguerite de Valois, premiere femme de Henry I V, fait cet
éloge dans ſes Mémoires. » Il étoit né, dit-elle, pour
» être la terreur de ſes ennemis, la gloire de ſon maître
» (le Duc d'Alençon auquel il étoit attaché), & l'eſ-
» pérance de ſes amis, ». C'étoit l'homme le plus galant
de la Cour ; mais il affectoit de porter des habits ſort ſim-
ples qu'il paroît par ſa bonne mine, & il n'étaloit ſa ma-
gnificence que ſur les habillemens de ſes domeſtiques. Sa
mort eſt marquée en 1579.

O vous qui ne l'avez vue,
Voyez-là pour votre bien;
Puis jugez, l'ayant connue,
L'heur que ce m'eſt d'être ſien.
Mais la voyant ſi parfaite,
Gardez-vous bien un chacun;
Car pour bleſſer elle eſt faite,
Et de tous n'en guérir qu'un.

XIV.

DE RONSARD.

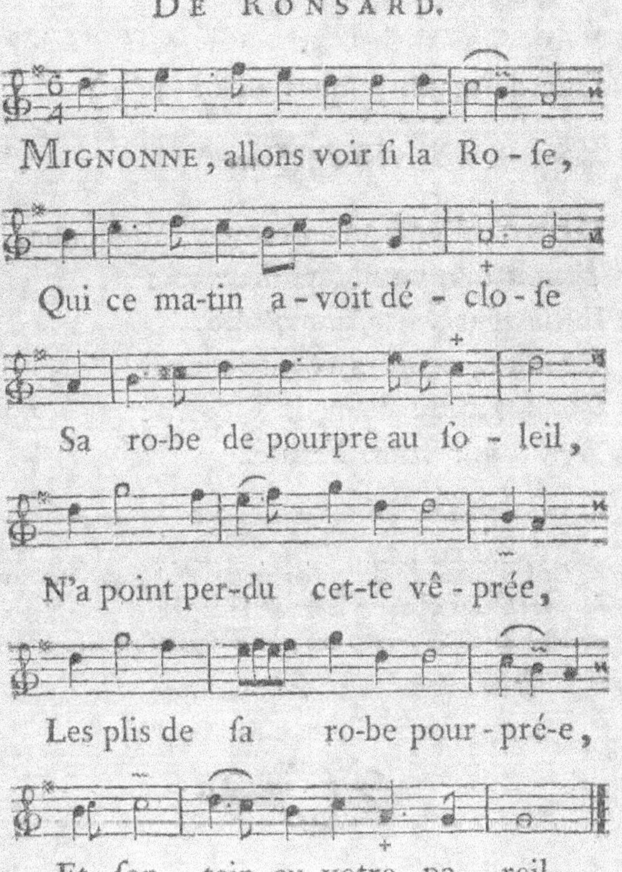

LAS! voyez comme en peu d'espace,
Mignonne, elle a deſſus la place
Ses douces beautés laiſſé choir.
O vraiment marâtre Nature,
Puisqu'une t'elle fleur ne dure
Que du matin juſques au ſoir! (1)

DONC, ſi vous m'en croyez, Mignonne,
Tandis que votre âge fleuronne
En ſa plus verte nouveauté,
Ceüillez, ceüillez votre Jeuneſſe.
Comme cette fleur, la Vieilleſſe
Fera ternir votre beauté.

---

(1) Fontenelle fait parler deux Roſes, qui fâchées de vivre ſi peu admirent la durée de la vie humaine : *De mémoire de Roſes*, dit l'une, *on n'a point vu mourir de Jardinier.*

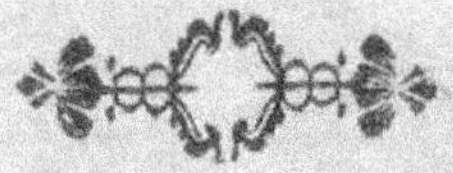

XV.

DE DESPORTES.

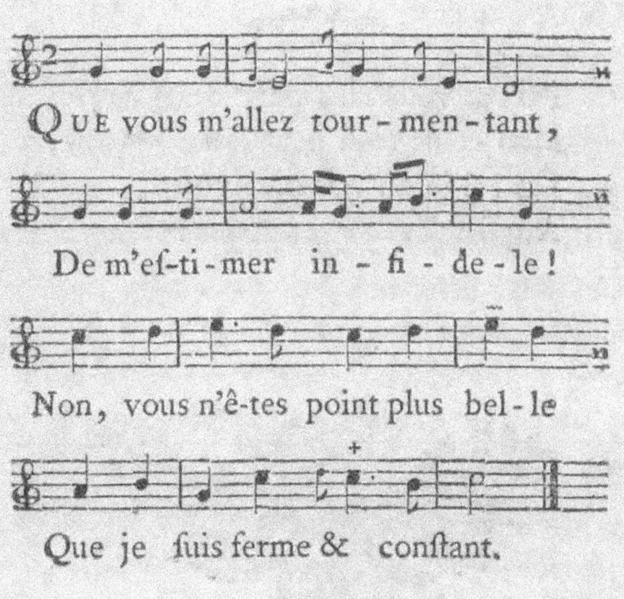

Pour bien voir quelle est ma foi,
Regardez-moi dans votre ame :
C'est comme je fais, Madame,
Dans la mienne je vous voi.

Si vous pensez me changer,
Ce miroir me le rapporte ;
Voyez donc de même sorte
En vous si je suis leger.

Pour vous sans plus je fus né,
Mon cœur n'en peut aimer d'autre.
Las ! si je ne suis plus vôtre,
A qui m'avez-vous donné ?

XVI.

Chanson attribuée

A HENRY IV. ROI DE FRANCE.

PARTAGEZ ma couronne
Le prix de ma valeur.
Je la tiens de Bellone,
Tenez-là de mon cœur.
Cruelle départie !
Malheureux jour !
C'eſt trop peu d'une vie
Pour tant d'amour. (1)

---

(1) *Gabrielle d'Etrées*, telle qu'elle eſt peinte dans la *Profopographie d'Antoine du Verdier*, qui l'avoit vue, avoit le viſage long & le regard dédaigneux, mais le teint & la peau d'une beauté ſurprenante. Elle étoit d'une blancheur à éblouir, mêlée d'un vermillon naturel. Son viſage étoit liſſe & tranſparent comme une perle ; il ſembloit en avoir la fineſſe & l'eau, ou *la fraicheur d'un œuf qui vient d'être pondu*. Les Ambaſſadeurs de Veniſe la prierent de leur permettre de faire faire ſon portrait pour l'emporter avec eux ; elle leur répondit avec dédain, qu'il y avoit aſſez de ſes portraits chez les Peintres.

XVII.

DE JEAN BERTAUT. (1)

(1) Jean Bertaut, mort Évêque de Sées en Normandie,
en 1611 : Poëte un peu galant pour son état, mais plus
sage, comme plus châtié, que la plûpart de ceux de son
tems.

C

____

(2) Les quatre premiers Vers ne ſont point de Bertaut ;
on les a faits pour amener ceux-ci, faiſant partie des Stances
qui commencent :

Les Cieux inexorables
Me ſont ſi rigoureux , &c.

XVIII.

Du même.

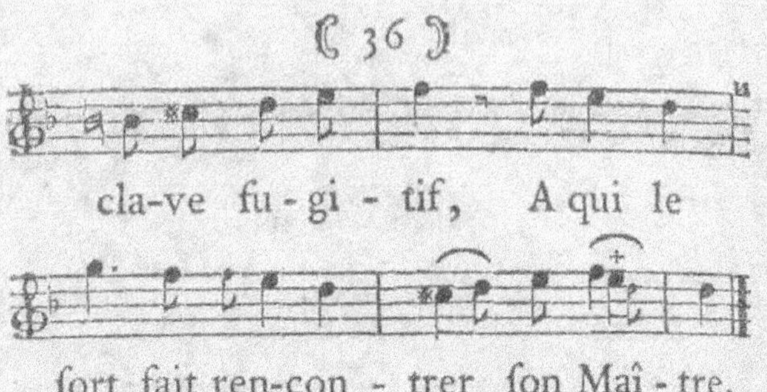

QUE de discours mon ame séduisans,
Que de pensers l'un l'autre détruisans,
Sentis-je alors agiter mon courage !
Que mon esprit de ses lacs échappé
Se repentit de s'être détrompé !
Qu'il me déplut d'être devenu sage !

XIX.

Du même.

Tous les fou - cis hu - mains
font pu-re va - ni - té;
D'er - reurs, de vain sça - voir,
tou - te la terre a - bon - de:
Mais ai - mer conf - tam - ment
u - ne ra - re beau - té,

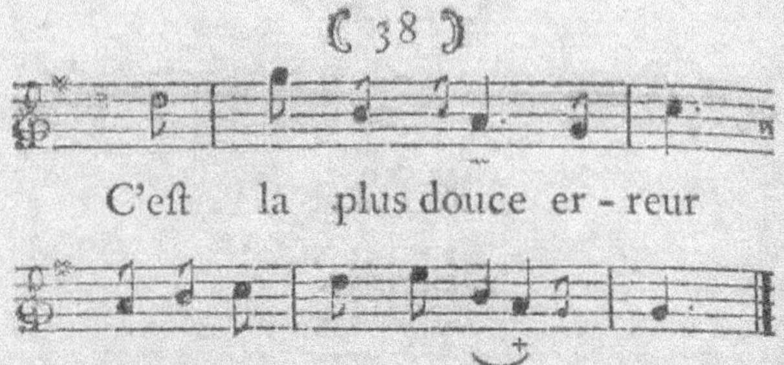

NON, non, n'écartons point un si plaisant
    souci;
Rien n'est doux, sans amour, dans cette vie
    humaine :
Ceux qui cessent d'aimer, cessent de vivre
    aussi,
Ou vivent sans plaisir, comme ils vivent
    sans peine (1).

---

(1) Cette Chanson, qui a été long-tems en vogue, a
fait naître les quatre Vers suivans, attribués à la Comtesse
de Murat.

> Pour le Prélat cette Chanson m'allarme ;
>   Son art a bien pu le trahir :
> De la plus douce erreur il peint si bien le charme...
>   Hélas ! quel moyen de la fuir !

X X.

Du même, en Dialogue.

DAMON.

PANOPÉE.

DAMON.

IL ne faut point avoir de peur ;
J'aime trop le nœud qui m'engage.

PANOPÉE.

Il ne fut jamais de trompeur
Qui ne tint le même langage.

DAMON.

Votre beauté vous garantit
Du fort d'Ariane abufée.

PANOPÉE.

Votre jeuneffe m'avertit
De l'inconftance de Théfée.

DAMON.

Ah ! fiere & cruelle beauté,
Qu'inhumaine eft votre rudeffe !

PANOPÉE.

Ce que vous nommez cruauté,
D'autres l'appelleront fageffe.

DAMON.

Eft-on fage, pour maltraiter
L'Amour d'un fidele courage ?

PANOPÉE.

Eft-on cruel, pour éviter
Le péril de faire naufrage ?

XXI.

DE SARASIN. (1)

Air : *Du Prevôt des Marchands.*

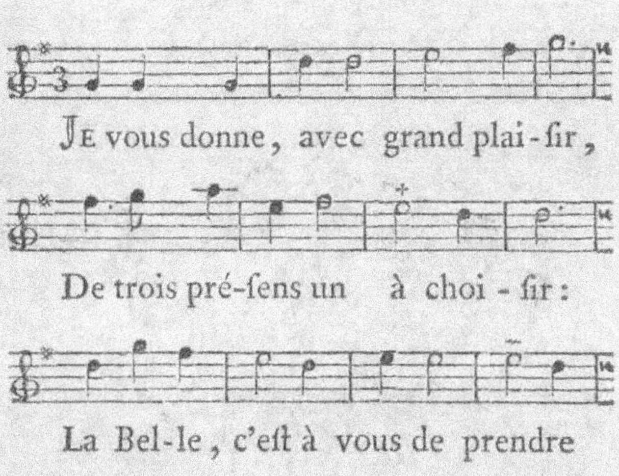

---

(1) Jean-François Sarasin, écrivain agréable & poëte ingénieux, mort en 1654. Ses Ouvrages mêlés de prose & de vers sont lus encore avec plaisir.

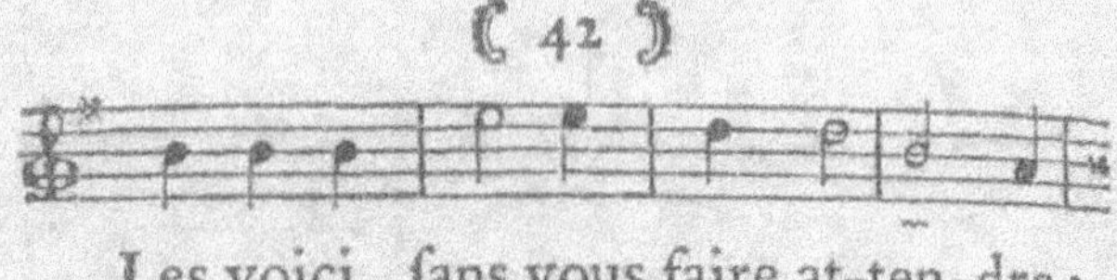

Les voici, fans vous faire at‑ten‑dre :

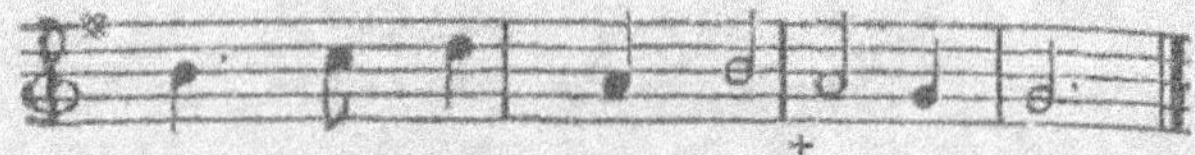

Bon jour, bon foir, & bon‑ne nuit.

XXII.

DE BLOT.

Air : *Petite fronde*, ou *De tous les Capucins du monde.*

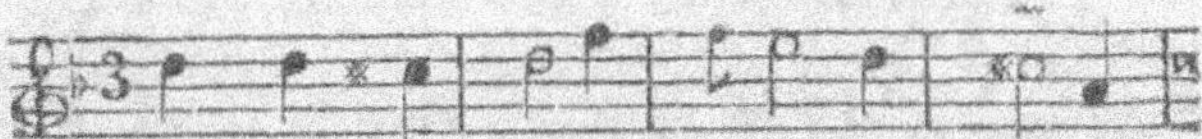

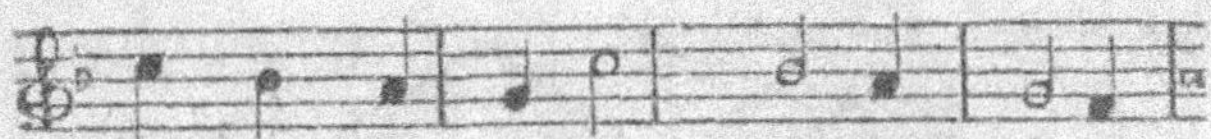

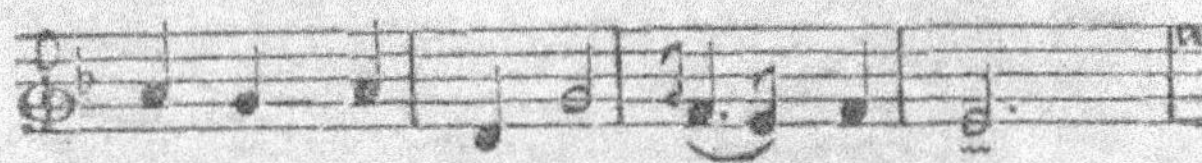

---

(1) Qui ne connoît pas la célébre *Ninon Lenclos*, si bien peinte dans ces quatre vers ?

L'indulgente & sage Nature
A formé l'ame de Ninon
De la volupté d'Epicure,
Et de la vertu de Caton.

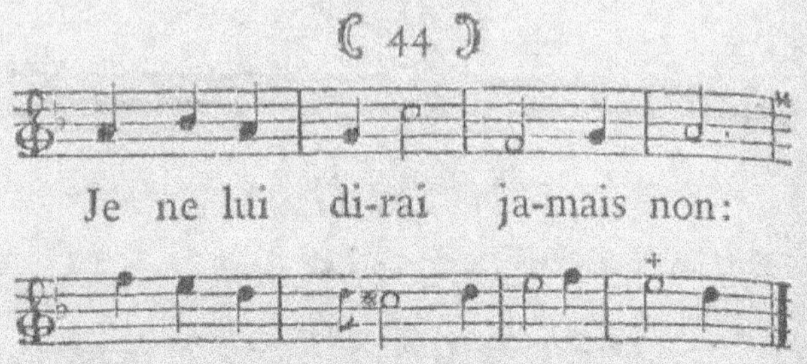
Je ne lui di-rai ja-mais non:

Plût à Dieu qu'elle en fît de même!

XXIII.

CHANSON A MANGER (1)
DE SCARRON.

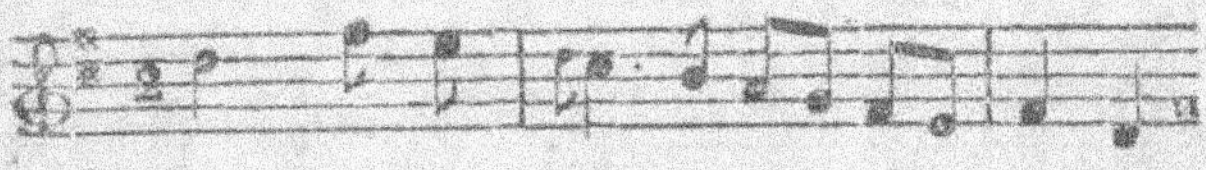

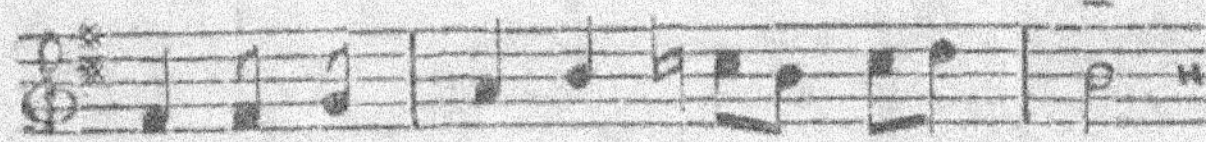

---

(1) On verra bien que cette Chanſon (unique en ſon genre, ſans être exquiſe) devoit, par ſa ſingularité ſeule, entrer dans une collection où l'on a voulu donner des Chanſons de tous caracteres. Paul Scarron , auteur du *Roman Comique*, & le coryphée du genre burleſque, mort en 1660.

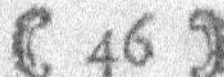

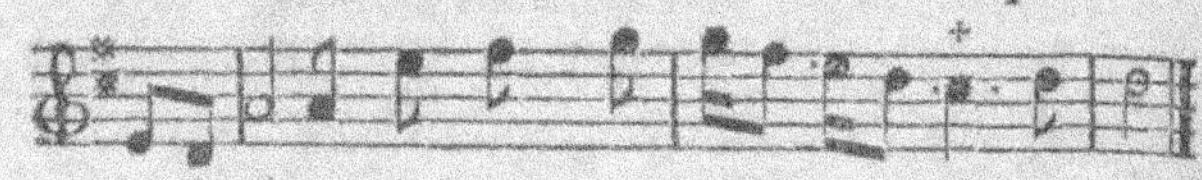

QUAND on fe gorge d'un Potage
Succulent comme un confommé,
Si notre corps en eft charmé,
Notre ame l'eft bien davantage. (2)
Auffi Satan, le faux glouton,
Pour tenter la femme premiere,
N'alla pas lui montrer du vin ou de la bierre,
Mais de quoy branler le menton.

---

(2) Ici Scarron femble materialifer un peu l'ame ; mais
c'eft une licence poétique qui ne tire point à conféquence.

Quatre fois l'homme de courage
En un jour peut manger son saoul;
Le trop boire peut faire un fou
De la personne la plus sage.
A-t-on vuidé mille tonneaux?
On n'a bû que la même chose;
Au lieu qu'en un repas on peut doubler la
    dose
De mille différens morceaux.

XXIV.

DE BOIS-ROBERT. (1)

---

(1) François Metel de Bois-robert, Abbé de Châtil-
lon-sur-Seine, & de l'Académie Françoise. Il étoit fort
plaisant, & personne n'amusoit plus le Card. de Richelieu.
Aussi toutes les fois que ce grand Ministre prenoit mé-
decine, son Médecin, M. Citois, conseilloit-il *d'y mêler
un peu de Bois-robert.* Mort en 1662.

ou moins bel - le : At - ten-
dez, pe - ti - te cru - elle , Attendez,
pour blesser, que vous sachiez gué - rir.
Ah ! ah soyez, jeune I - ris, ou plus
grande ou moins bel - le : At - ten-
dez, pe - ti - te cru - el - le , At-
ten-dez, pour blesser, Attendez, pour blef-
fer, que vous sa-chiez gué - rir.

D

XXV.

DE M^tre. ADAM.

Air : *Ton himeur est Cathereine.*

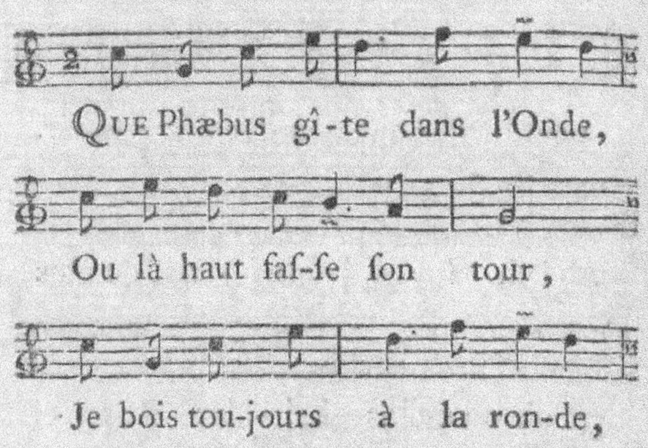

---

(1) M^tre. *Adam* surnommé *Billaut*, de Nevers, Menuisier de profession : Poëte François sans lettres & sans étude, mort en 1662. On lit à la tête de ses Œuvres, parmi beaucoup d'éloges poetiques où l'on en trouve un du grand Corneille, ce Quatrain de *Saint Amand.*

On dira par-tout l'Univers,
Voyant les beaux écrits que Maître Adam nous offre,
Qu'il est propre à faire des Vers,
Comme il est propre à faire un Coffre.

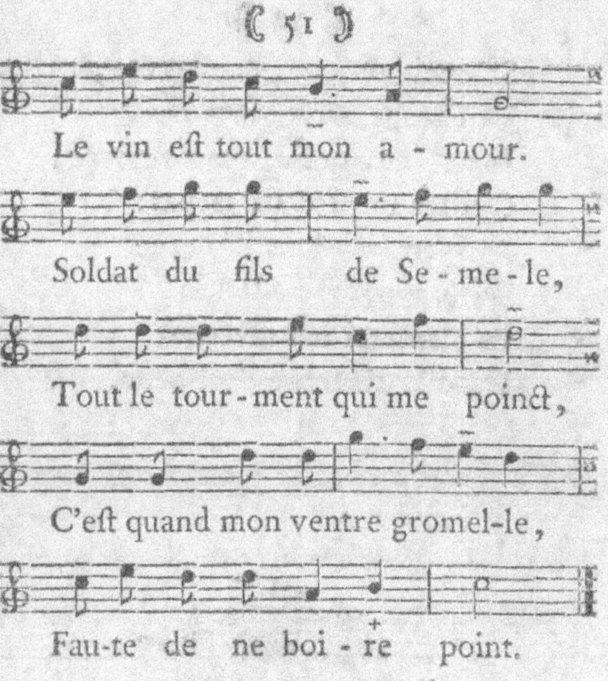

AUSSI-TÔT que la lumiere
Vient redorer nos coteaux,
Poussé du desir de boire
Je caresse les tonneaux.
Ravy de revoir l'Aurore,
Le verre en main je lui dis :
Voy-tu donc plus, chez le More,
Que sur mon nez, de rubis ?

Si quelque jour, étant yvre,
La Parque arrête mes pas,
Je ne veux point, pour revivre,
Quitter un si doux trépas :
Je m'en irai dans l'Averne
Faire ennyvrer Alecton,
Et planterai ma taverne
Dans la chambre de Pluton.

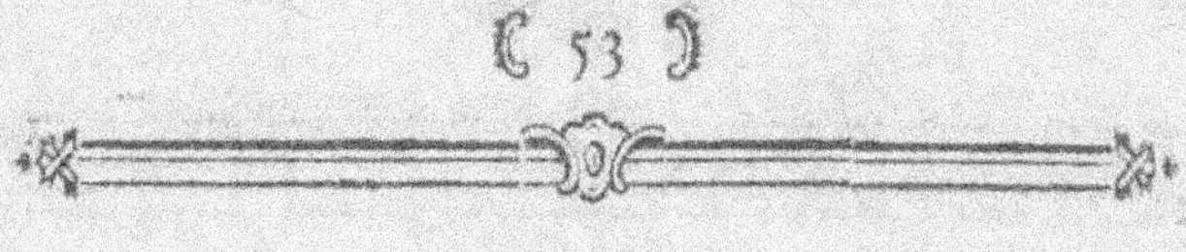

XXVI.

DE MARIGNY.

SI, dans la fleur de son bel âge,
Femme, bien faite pour charmer,
Vous donne son cœur en partage,
Qu'on est sot de ne pas aimer !
   Mais s'il faut toujours s'allarmer,
Craindre, rougir, devenir blême,
Aussi-tôt qu'on s'entend nommer,
Qu'on est sot alors que l'on aime !

POUR complaire au plus beau visage
Qu'Amour puisse jamais former,
S'il ne faut rien qu'un doux langage,
Qu'on est sot de ne pas aimer !
   Mais quand on se voit consumer,
Si la belle est toujours de même,
Sans que rien la puisse animer,
Qu'on est sot alors que l'on aime !

XXVII.

DE SAINT PAVIN. (1)

---

(1) Denis Sanguin de S. Pavin, fils d'un Président des Enquêtes, qui fut Prevôt des Marchands. Fait à peu près comme Scarron, il embrassa l'état Ecclésiastique & posséda des bénéfices. Il avoit été disciple du Poëte Théophile. C'étoit un homme de beaucoup d'esprit, dont le grand Condé aimoit l'entretien, & qu'il alloit voir à Livry. Ses Poésies ont de la naïveté, & souvent de la délicatesse. Mort en 1670.

Elle a né - gli - gé mes a - vis,
Elle a né - gli - gé mes a - vis :
Si la Bel - le les eut fui - vis,
El - le n'au - roit plus rien à crain - dre :
Si la Bel - le les eut fui - vis,
Elle n'auroit plus rien à crain - dre.

XXVIII.

DE L'ABBÉ CASSAGNE. (1)

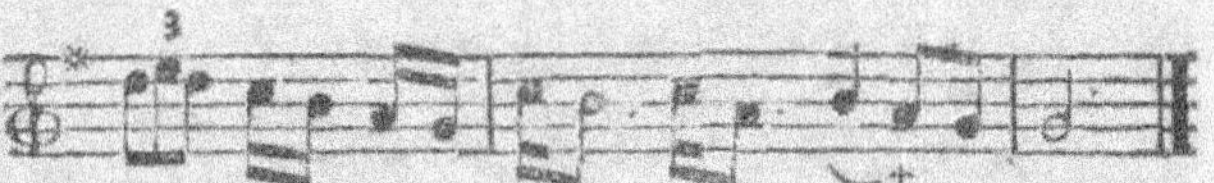

---

(1) Jacques Caſſagne, de l'Académie Françoiſe, qui prêcha, fit des vers, & fut Garde de la Bibliothéque du Roi. C'est le même que Boileau a ſi maltraité, quoiqu'il ne manquât point de talent, comme on le voit par ce Cantique, & par pluſieurs autres Ouvrages en proſe & en vers de cet Ecrivain. Mort en 1679.

SON nom vous anime en ces bois,
Vous n'en célébrés jamais d'autre :
Faut-il que mon ingrate voix
N'imite pas la vôtre !

VOS Airs si tendres & si doux
Lui rendent tous les jours hommage :
Je le bénis bien moins que vous,
Et lui dois davantage.

XXIX.

DE LA SABLIERE (1)

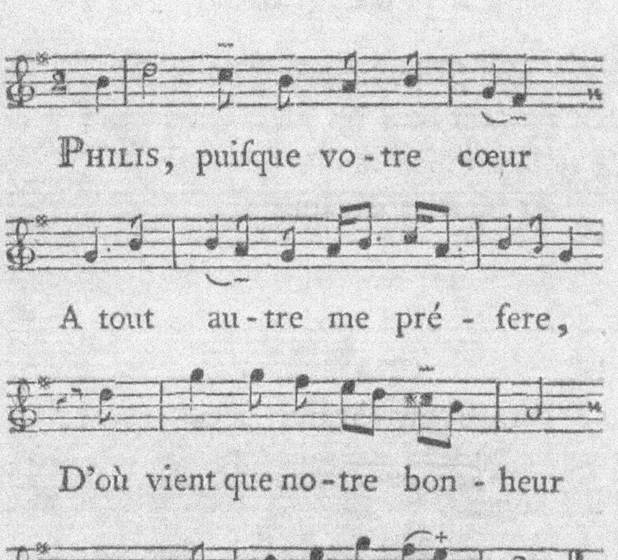

---

(1) Antoine de Rambouillet de la Sabliere, dont on a un petit volume de Madrigaux remplis de délicateffe & d'efprit. Mort en 1680.

Ah ! pour vous dé - ter - mi - ner,
Faut - il tant e - xa - mi - ner
Le mé - rite & le fer - vi - ce ?
Pre - nez un chemin plus court,
Prenez un chemin plus court,
Et fa - chez que le ca - pri - ce
Eft la rai - fon de l'A - mour,
Eft la rai - fon de l'A - mour.

XXX.

Du même.

BELI-SE, pour l'a-mour vous ê-

tes sans pi-tié, vous êtes sans pi-

tié: Mais, sous le beau nom d'ami-tié,

Vous souffrez près de vous que cha-

cun s'é - ta - blis-se, Vous souffrez près

de vous que chacun s'é - ta - blis-se.

Con-noiſ-ſez mieux l'ef – fet de vos
at - traits charmans, Et croyez-moi,
Et croy-ez-moi, je ſuis com-pli-ce,
Tous vos A-mis ſont vos A-mans,
Tous vos A-mis ſont vos A-mans,
Tous vos Amis ſont vos A-mans.

XXXI.

Du même.

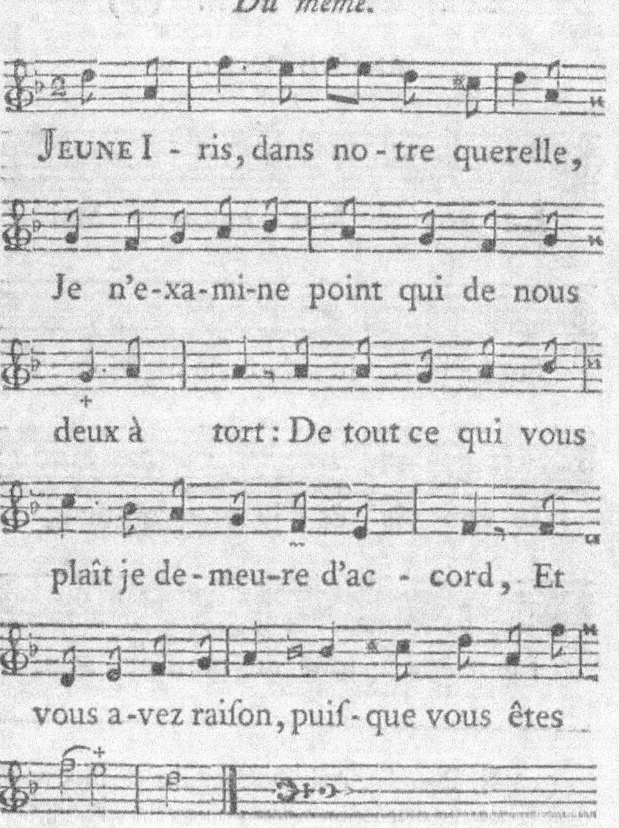
Jeune Iris, dans notre querelle,
Je n'e-xa-mi-ne point qui de nous
deux à tort: De tout ce qui vous
plaît je de-meu-re d'ac - cord, Et
vous a-vez raison, puis-que vous êtes
bel - le.

XXXII.

DE RANCHIN. (1)

Air : *Des Triolets.*

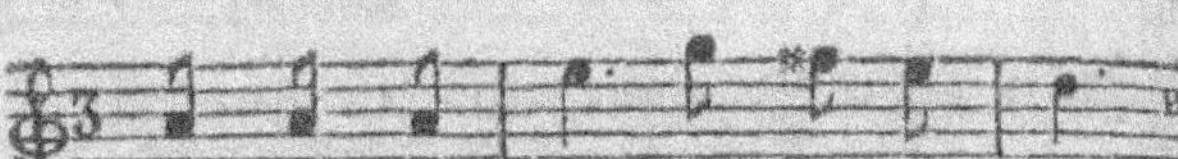

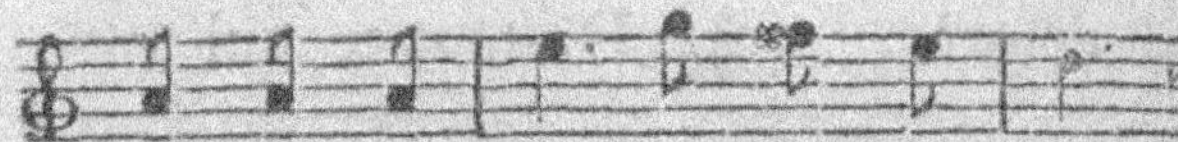

---

(1) N. Ranchin, étoit un Conseiller au Parlement, dont la famille descendoit d'Etienne Ranchin, habile Professeur de Droit, en l'Université de Montpellier, dans le 16e. siécle.

Le beau def-fein que je for-mai!

Si ce def-fein vous plût, Sil-vi - e,

Le premier jour du mois de Mai

Fut le plus heureux de ma vi - e.

XXXIII.

Même Air.

GARDER son cœur & son troupeau,
Ç'en est trop pour une Bergere :
Q'on a de peine, quand il faut
Garder son cœur & son troupeau !
Quand tous les Bergers du Hameau
Et tous les loups lui font la guerre,
Garder son cœur & son troupeau,
Ç'en est trop pour une Bergere.

XXXIV.

DE L'ABBÉ COTIN. (1)

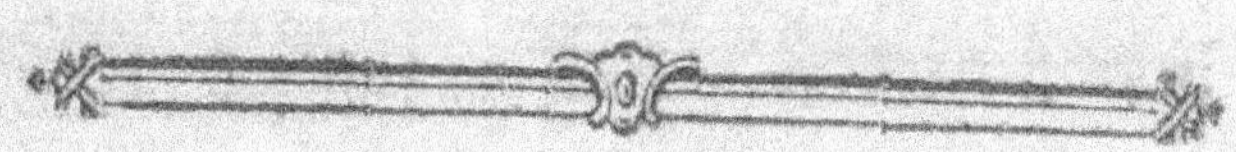

---

(1) Charles Cotin, si vilipendé par Boileau, n'étoit pas sans mérite. Il sçavoit beaucoup & ne manquoit pas d'esprit ; mais livré au mauvais goût qui regnoit encore au milieu du 17e. siécle, il n'en avoit pas assez lui-même pour s'en préserver. Ce couplet, qu'il sembleroit avoir fait par hazard, est digne de Quinault ou d'Anacréon. Il étoit Aumonier du Roi, & de l'Académie Françoise. Mort en 1682.

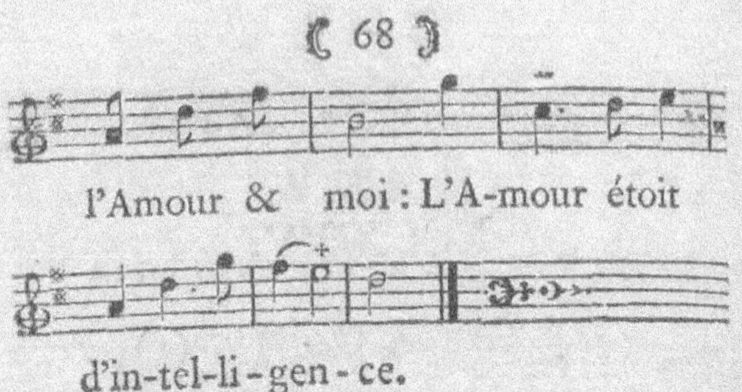

d'in-tel-li-gen-ce.

XXXV.

DE Mme. DE VILLEDIEU. (1)

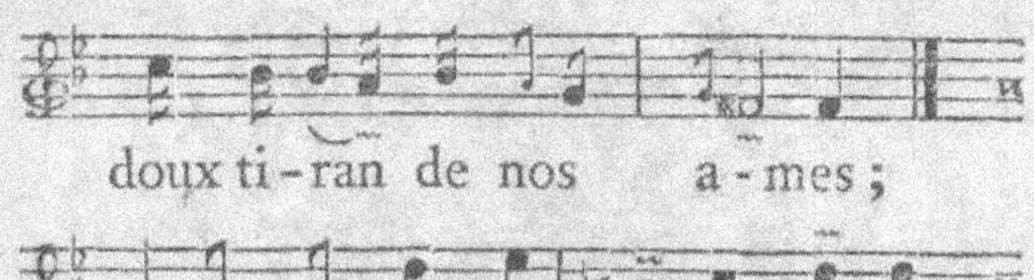

---

(1) Marie - Catherine Desjardins de Villedieu , auteur d'un grand nombre de Romans fort connus , morte en 1683. Sa galanterie n'étoit pas toute en spéculation , & si elle peignoit bien la tendresse , elle sçavoit aussi l'inspirer & la sentir. Ainsi nos goûts ou les objets dont nous occupons notre esprit coulent dans nos mœurs.

Sic abeunt studia in mores. Ovid.

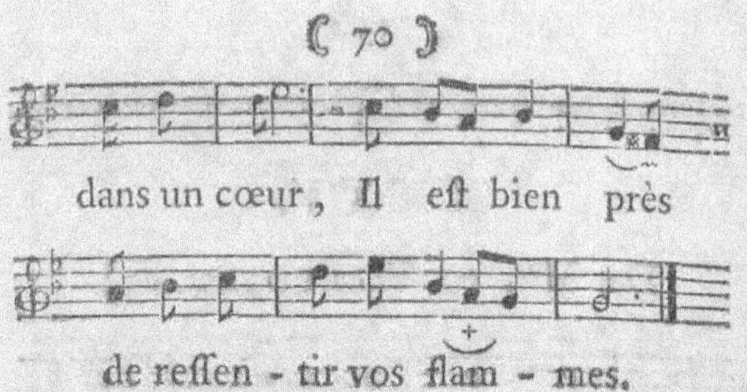

(70)
dans un cœur, Il est bien près
de ressen - tir vos flam - mes.

XXXVI.

De la même.

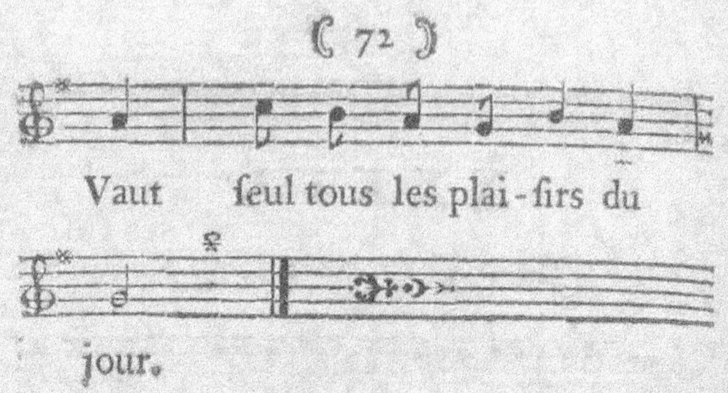

jour.

XXXVII.

DE QUINAULT. (1)

Air : *Le jeune Berger qui m'engage.*

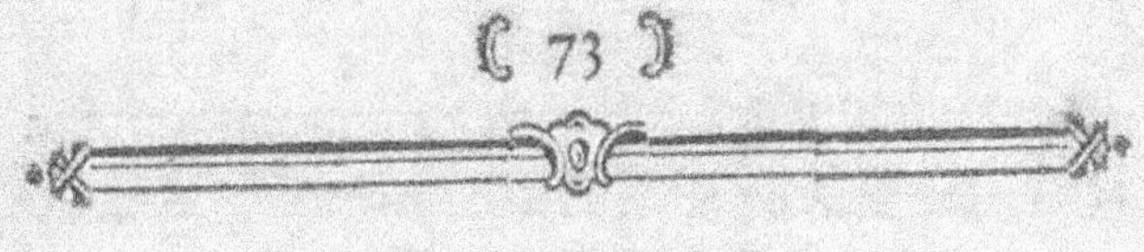

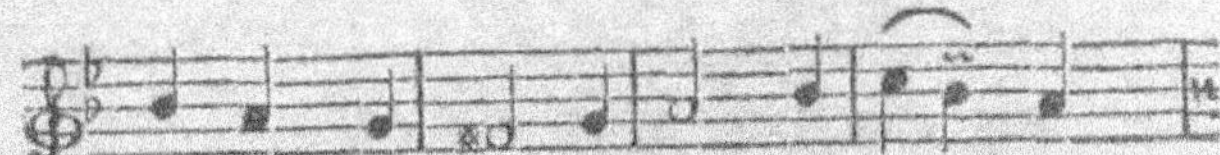

---

(1) Philippe Quinault, auteur des Operas d'*Armide*, de *Roland*, de *Théfée* d'*Atys*, (c'eft en dire affez), mort en 1688.

---

(2) Qu'auroit dit de mieux Anacréon ? Mais quel
Chanſonnier, Grec, Arabe, Italien, François, ancien
ou moderne, s'eſt jamais exprimé plus heureuſement,
avec plus de grace & de goût, dans les choſes de ſentiment, que Quinault ? Quelles Chanſons proprement
dites, valent ſes petits morceaux lyriques que tout le
monde ſçait & que l'on préfère à tout ce qui s'eſt fait
depuis dans ce genre ?

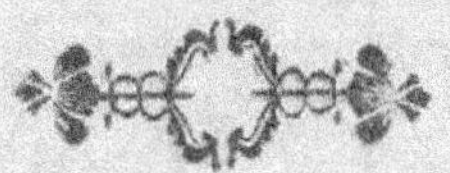

XXXVIII.

DE MONTREUIL. (1)

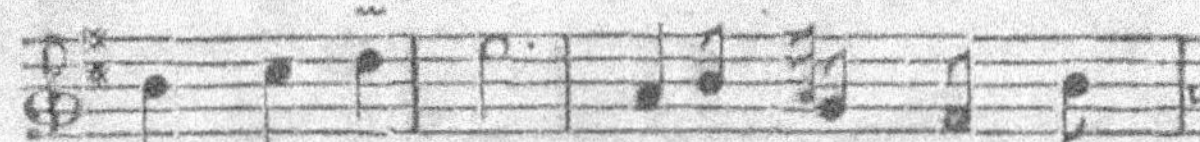

---

(1) Mathieu de Montreuil, homme d'un esprit amufant, dont on a une affez bonne Lettre, contenant le
Voyage de la Cour de France vers la Frontiere d'Efpagne,
pour le Mariage de Louis XIV, mort en 1692.

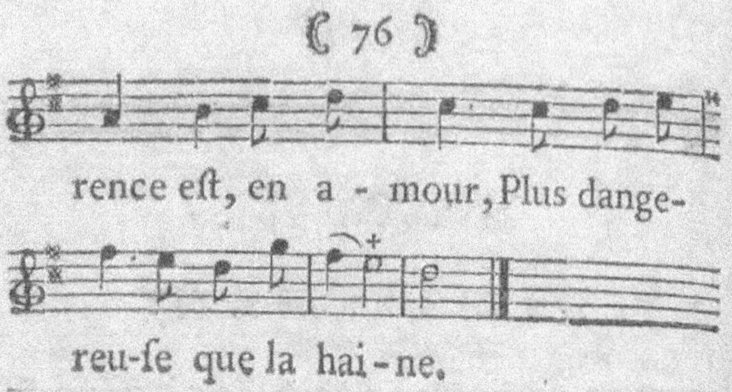

rence eſt, en a - mour, Plus dange-

reu-ſe que la hai-ne.

XXXIX.

DE LA FOND. (1)

---

(1) N. De la Fond, mort vers l'année 1692, étoit, selon M. Titon du Tillet, un agréable débauché qui avoit le talent de parodier les Airs les plus en vogue. Il y a plusieurs Parodies de ce Chansonnier dans les Recueils du tems, & sur-tout dans les *Tendresses Bacchiques*, publiées par Ballard le Pere.

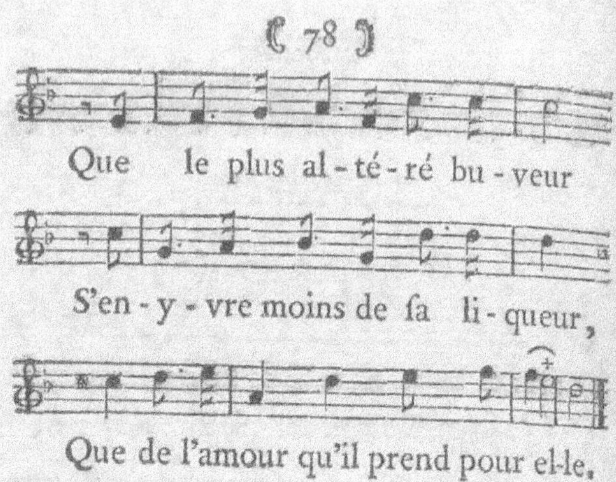
Que   le plus al - té - ré bu - veur
S'en - y - vre moins de sa li - queur,
Que de l'amour qu'il prend pour el-le.

X L.

DE BUSSI RABUTIN. (1)

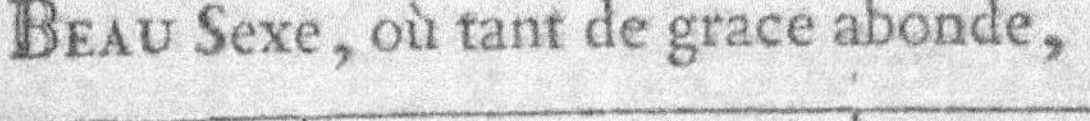

---

(1) Roger de Rabutin, Comte de Bussi, dont on a des Lettres & quelques morceaux d'Histoire bien écrits, faisoit des vers en grand Seigneur, & a très-peu fait de Chansons. Celle qui commence par ce Couplet si connu,

> *Que Deodatus est heureux*
> *De baiser ce bec amoureux*
> *Qui d'une oreille à l'autre va !* *Alleluia.*

lui coûta cher, & contribua peut-être autant à sa disgrace, que son *Histoire amoureuse des Gaules.* Mort en 1693.

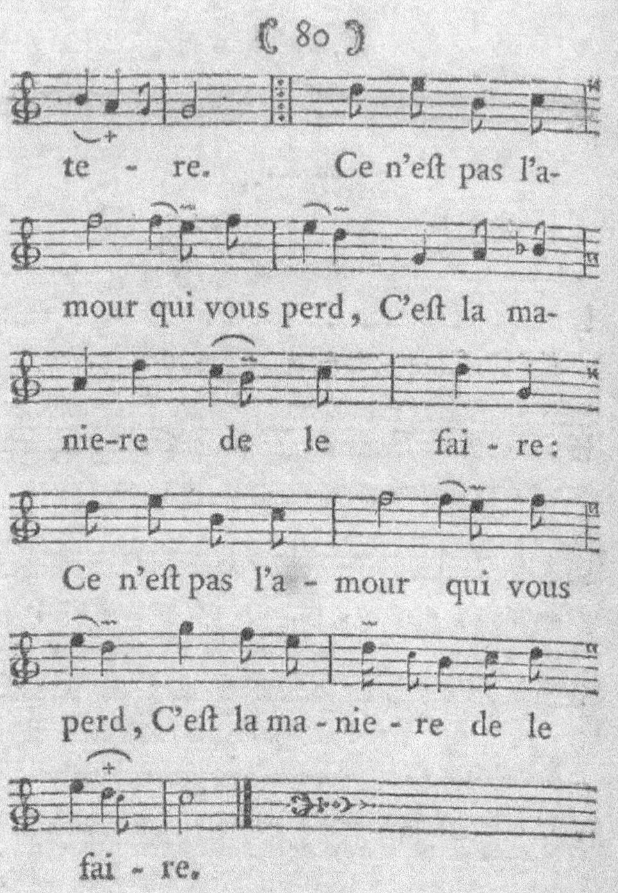
te - re. Ce n'eſt pas l'a-
mour qui vous perd, C'eſt la ma-
nie-re de le fai - re:
Ce n'eſt pas l'a - mour qui vous
perd, C'eſt la ma - nie - re de le
fai - re.

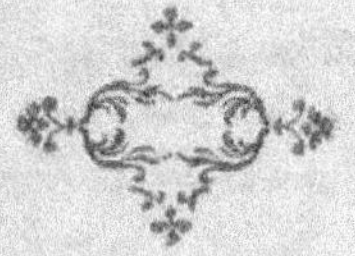

XLI.

DE PATIN. (1)

Air : *Les Plaisirs de notre Village.*

(1) Nous ignorons qui est ce Patin. Seroit-ce Charles Patin l'Antiquaire, fils du fameux Guy Patin, & qu'on prétendoit ressembler à Ciceron ? Son Portrait gravé par Nanteuil a l'air plus antique que galant.

Tome I. F

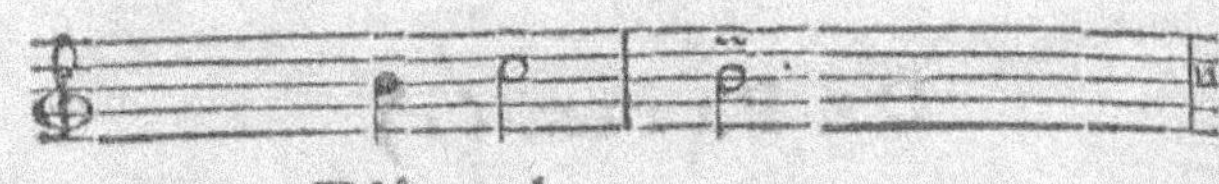

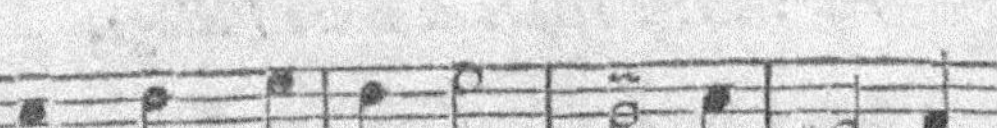

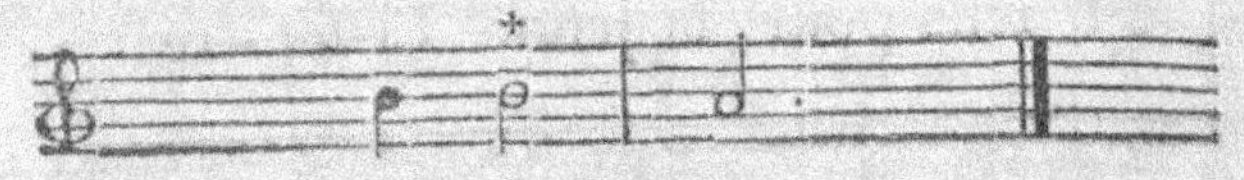

Des charmes qui brillent en elle
La Nature a fait tous les frais :
Peut-être on la peindroit moins belle,
De Vénus lui prêtant les traits.
Mais l'ingrate ternit sans cesse
Tant d'appas,
Par un défaut que la Déesse
N'avoit pas.

XLII.

DE Mme. DESHOULIERES. (1)

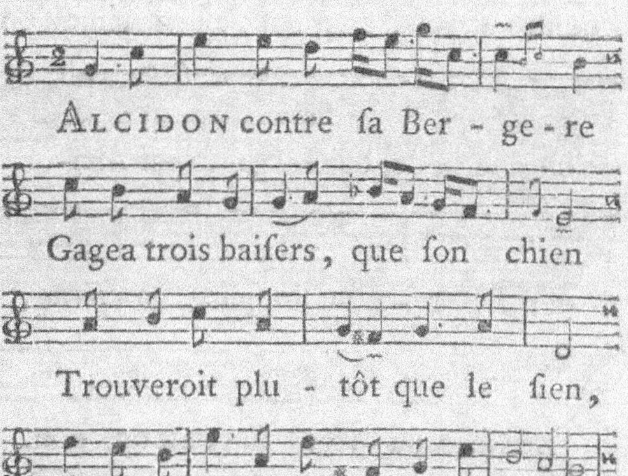

---

(1) Antoinette du Ligier de la Garde, Dame Deshou-lieres, disciple, pour la Poésie, d'Henaut, auteur du fameux Sonnet de l'*Avorton*, morte en 1694. L'Idille est le genre dans lequel elle a excellé.

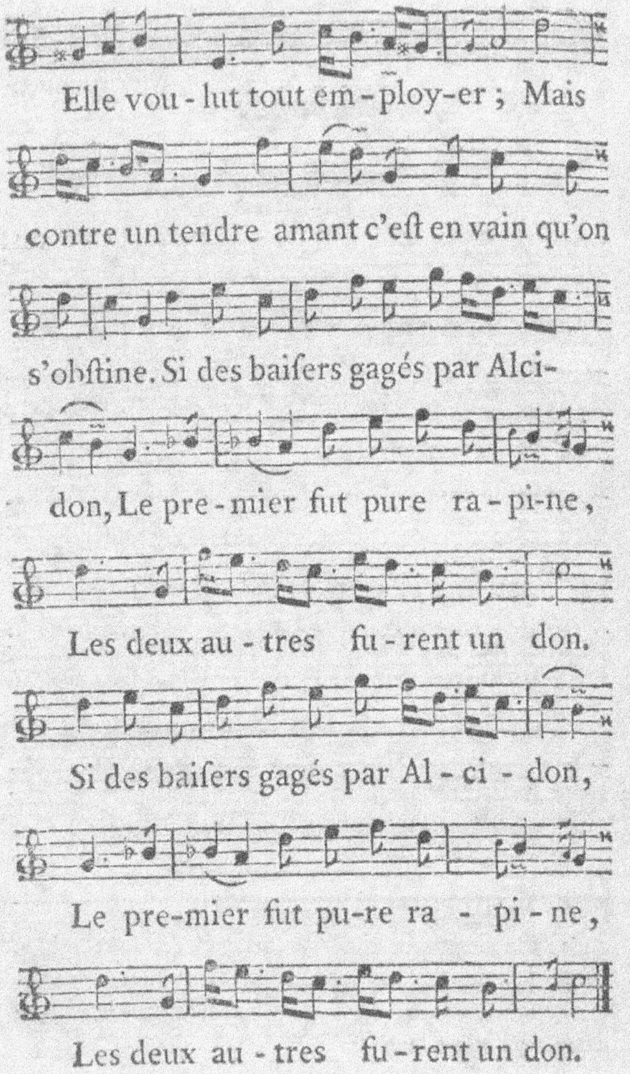

Elle vou - lut tout em - ploy - er ; Mais

contre un tendre amant c'eſt en vain qu'on

s'obſtine. Si des baiſers gagés par Alci-

don, Le pre - mier fut pure ra - pi - ne,

Les deux au - tres fu - rent un don.

Si des baiſers gagés par Al - ci - don,

Le pre - mier fut pu - re ra - pi - ne,

Les deux au - tres fu - rent un don.

XLIII.

attribuée

A Mlle. DE SCUDERY. (1)

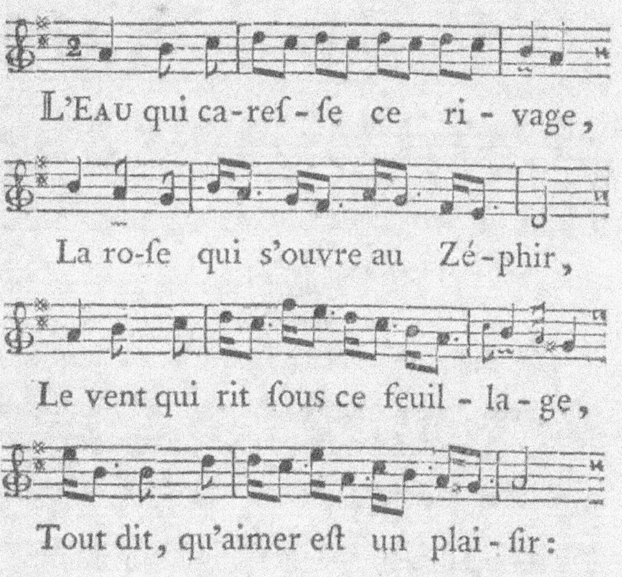

---

(1) Madelaine de Scudery, de l'Académie des *Ricovrati* de Padoue, furnommée la Sapho de fon fiécle, auteur des fameux Romans de *Cyrus* & de *Clelie*, où il y a tant de bonnes chofes, mais qu'on ne lit plus, morte en 1701, fort âgée.

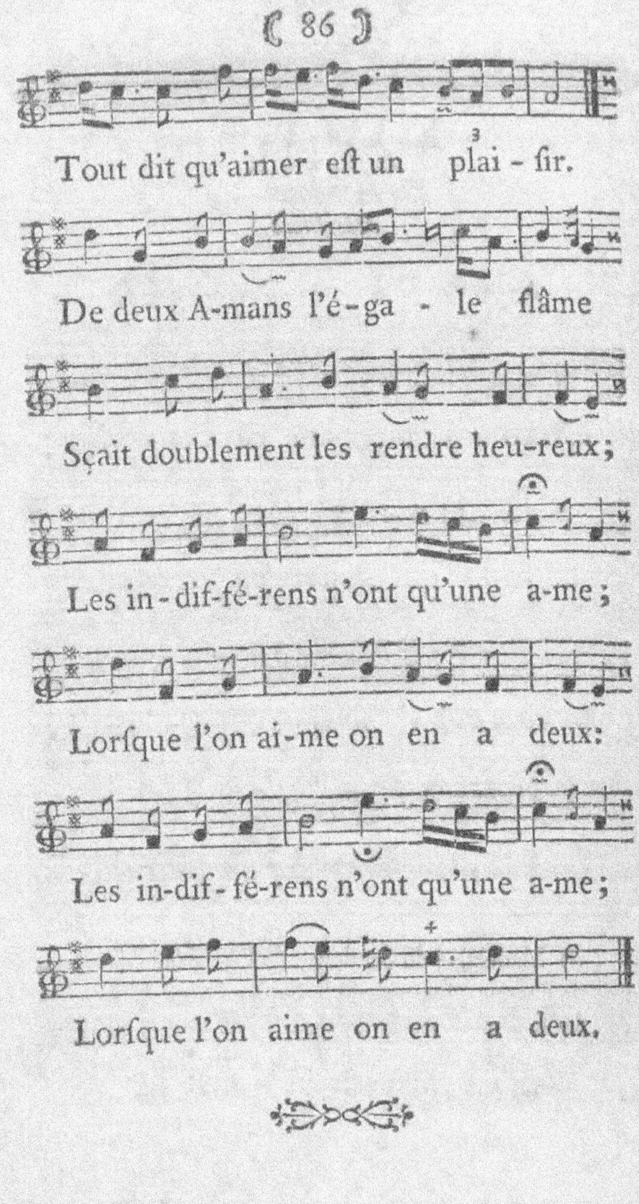

Tout dit qu'aimer est un plai – sir.
De deux A-mans l'é-ga - le flâme
Sçait doublement les rendre heu-reux;
Les in - dif-fé-rens n'ont qu'une a-me;
Lorsque l'on ai-me on en a deux:
Les in-dif- fé-rens n'ont qu'une a-me;
Lorsque l'on aime on en a deux.

XLIV.

De la même.

Air : De Joconde.

TIRCIS vous apprend des Chansons,

Ou le cœur s'in-té-ref-fe ;

On dit qu'il y joint des le - çons

Qui parlent de tendref-fe :

Fuy-ez ce charme fé - duc-teur ;

C'eft un plai - fir fu - nef-te.

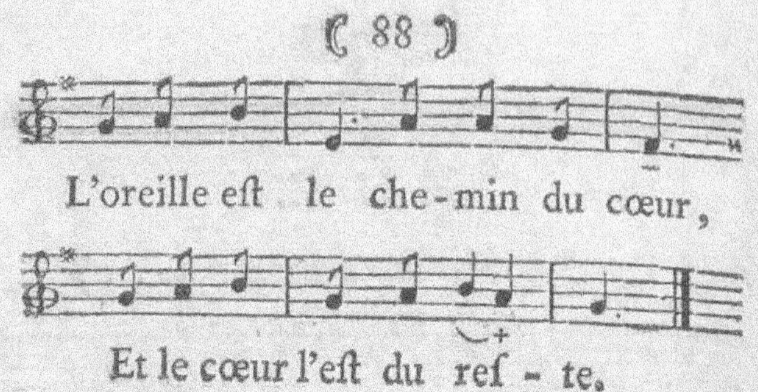
L'oreille est le che-min du cœur,

Et le cœur l'est du res - te.

XLV.

DE SAINT EVREMOND. (1)

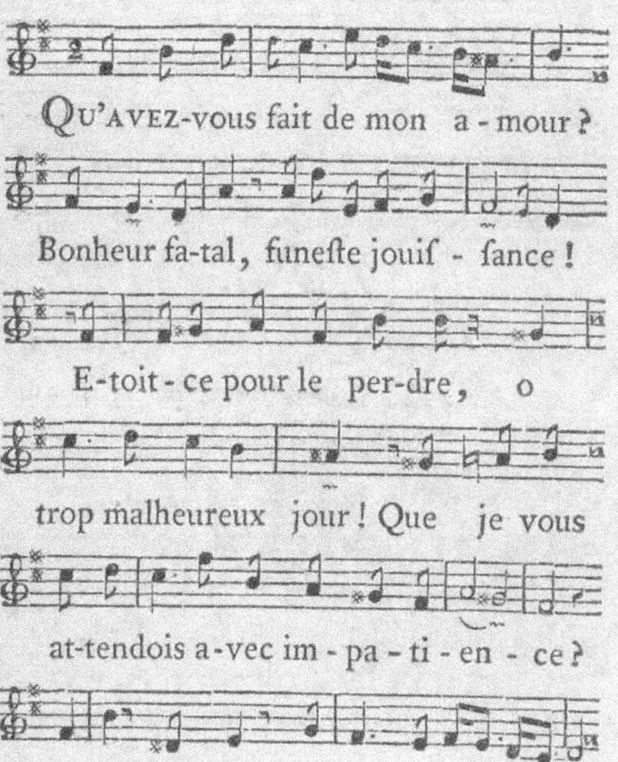

(1) Mort en 1703.

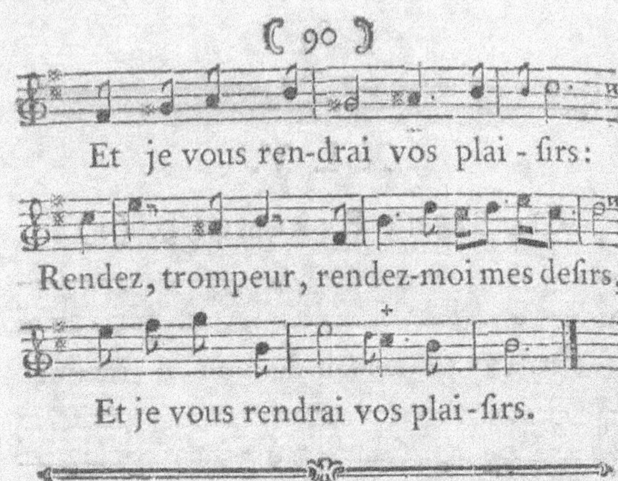

XLVI.

DE PAVILLON. (1)

Air : *Des Triolets*, noté pag. 64.

L'HONNEUR de paſſer pour conſtant,
Ne vaut pas la peine de l'être.
Doit-on briguer ſincérement
L'honneur de paſſer pour conſtant?
Près de l'objet le plus charmant,
C'eſt bien aſſez de le paroître.
L'honneur de paſſer pour conſtant,
Ne vaut pas la peine de l'être.

(1) Etienne Pavillon, de l'Académie françoiſe & de celle des Inſcriptions, écrivain délicat & Poëte agréable, mort en 1705.

XLVII.

DE REGNARD. (1)

Air : *Je vous le donne.*

---

(1) Jean-François Regnard, Parifien, le meilleur Comique François après Moliere, mort en 1709. Ces cou-

SUR son visage,
Mille petits trous pleins d'appas,
Des Amours sont le tendre ouvrage;
Sans compter ceux qu'on ne voit pas
Sur son visage.

SA gorge ronde
Est de marbre, à ce que je crois:
Car mortel encor dans le monde
N'a vû que des yeux de la foi
Sa gorge ronde.

---

plets furent faits pour une des Demoiselles Loyson, qui
étoient deux sœurs, filles d'un Garde du Roi, célebres
par leur beauté. On les nommoit dans leur société, l'une
Tontine, & l'autre *Doguine*. La premiere, dont Renard étoit
amoureux, a été Madame de Beaumont, morte très-âgée.

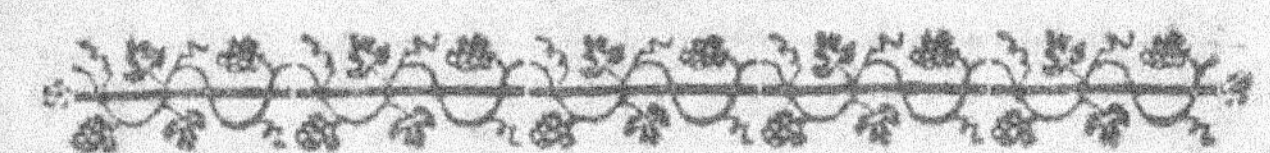

XLVIII.
DE LAINEZ (1)

---

(1) Alexandre Lainez, de Chimay en Hainaut, avoit
beaucoup d'érudition & de talent pour la Poësie. C'étoit
encore un agréable convive, plein de gayeté, d'esprit, de
saillies. Mort en 1710.

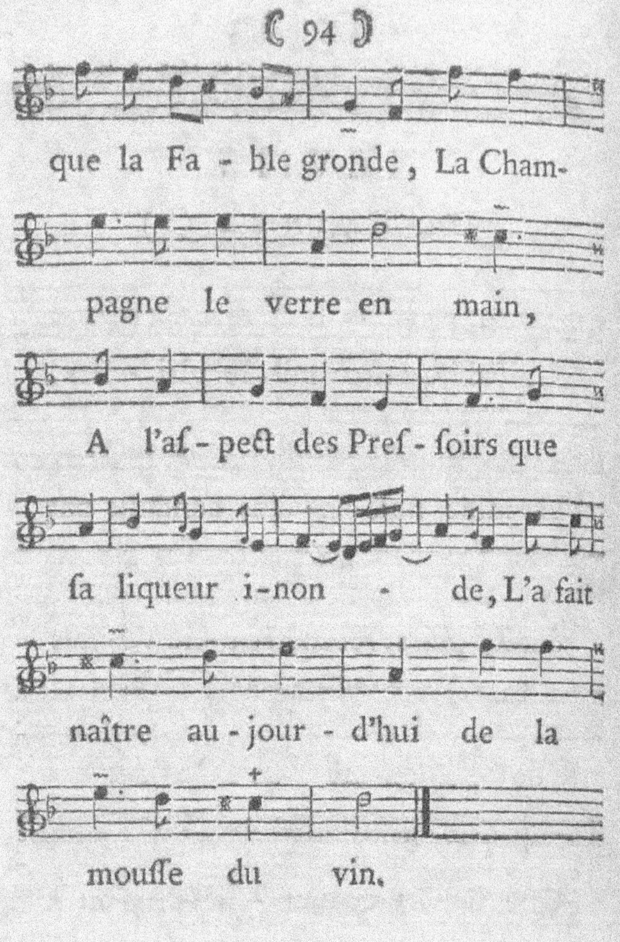

que la Fa - ble gronde, La Champagne le verre en main,
A l'af - pect des Pref - foirs que
fa liqueur i-non - de, L'a fait
naître au - jour - d'hui de la
mouffe du vin.

X L I X.

Du même.

Quoi ! toujours, Raison trop seve-re,
Tu t'op – po-ses à mes de-firs,
Et viens troubler tous mes plaifirs !
Voi-tu cet-te Bou – gie ? I - mite
fa lu - miere : Elle a-ni - me nos
jeux & ce charmant repas. E-clai-re

mes plai - firs , & ne les trou-ble pas ;
E - clai - re mes plai - firs , E-
clai - re mes plai - firs , &
ne les trou-ble pas.

L.

Du même.

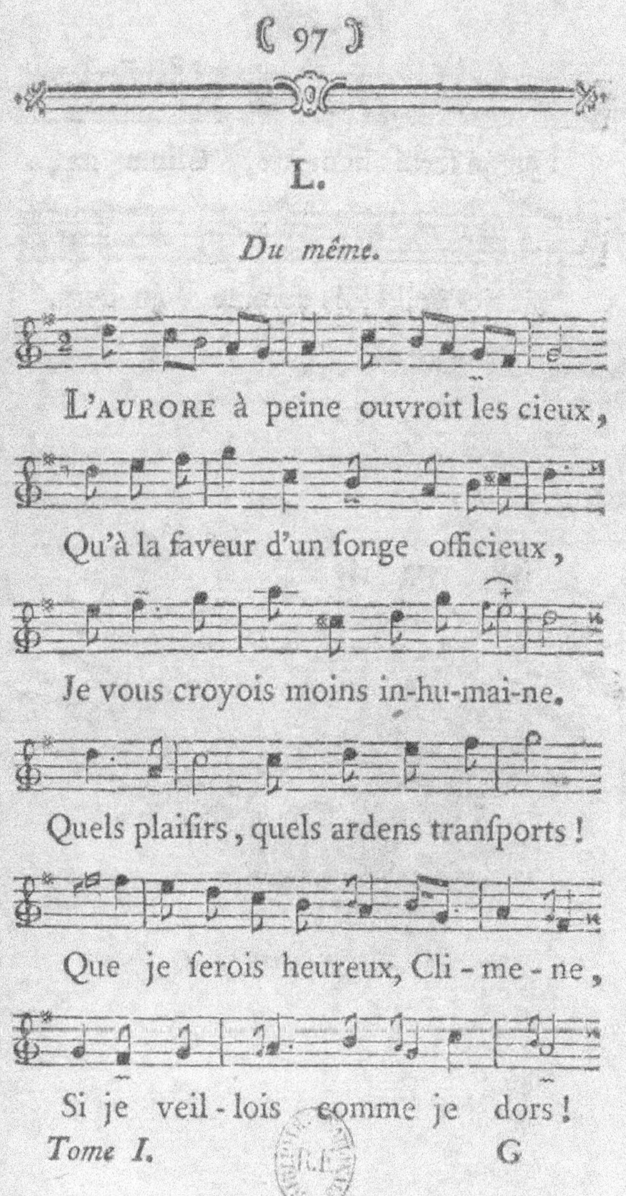

Tome I.   G

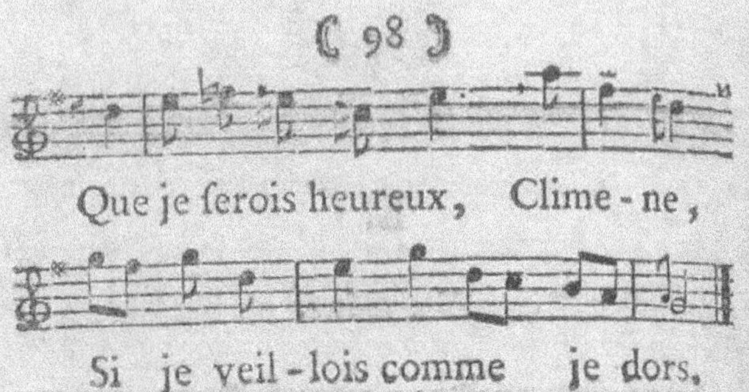

Que je ferois heureux, Clime - ne,
Si je veil - lois comme je dors,

LI.

DE BOILEAU DESPREAUX.

C'est ici que souvent, errant dans les Prairies,
  Ma main des fleurs les plus chéries
Lui faisoit des presens si tendrement reçus.
Que je l'aimois alors ! &c.   (1)

---

(1) Un cœur qui soupire encore au seul nom d'une
Infidelle, sans songer qu'il ne l'aime plus, est un vrai
galimathias. Cela rappelle l'idée de ce Paladin qui, tué dans
un combat, oublioit qu'il étoit mort & combattoit toujours.
Mais c'est un ouvrage de la jeunesse du Poëte.

LII.

DU MARQUIS DE LA FARE. (1)

Air : *Un Inconnu pour vos charmes soupire.*

---

(1) Charles - Auguste Marquis de la Fare , Capitaine des Gardes de Monsieur , frere de Louis XIV. & ensuite de M. le Duc d'Orléans Régent du Royaume , homme aimable par son esprit & son enjouement , mort en 1712. On prétend que sa veine poétique ne s'ouvrit qu'à 60 ans : c'est un peu plus tard que celle de M. Francaleu de la Métromanie. Cependant toutes ses Poésies respirent la facilité.

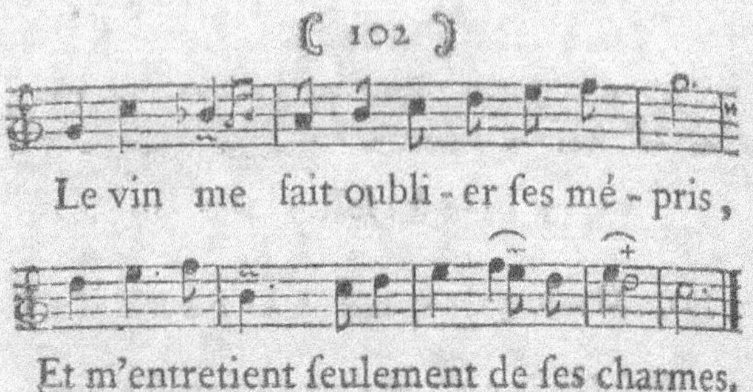
Le vin me fait oubli - er ses mé - pris,

Et m'entretient seulement de ses charmes.

LIII.

DE Mlle. DE LOUVENCOURT. (1)

(1) Cette Demoiselle étoit née, dit M. Titon du Tillet dans son Parnasse François, avec les graces du corps & de l'esprit. Elle faisoit très-bien des vers : on trouve de ses Poësies dans les *Entretiens de Morale* de Mlle de Scudery, dont elle étoit amie. Morte en 1712.

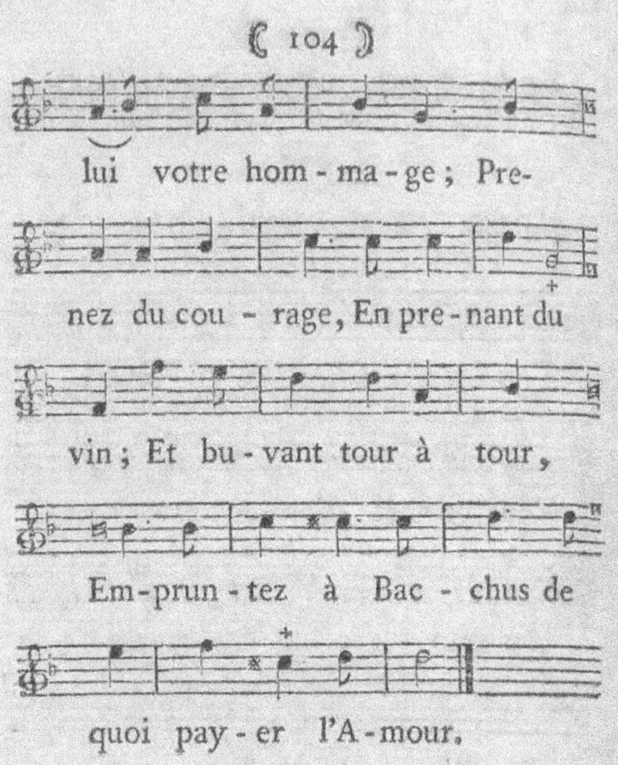

lui   votre hom - ma - ge ; Prenez du cou - rage, En pre - nant du
vin ; Et bu - vant tour à   tour,
Em - prun - tez   à   Bac - chus de
quoi pay - er l'A - mour,

LIV.

DE REGNIER DES MARAIS. (1)

Air : *Laire la, laire lan laire.*

____

(1) François-Seraphin Regnier des Marais, Parifien, de l'Académie de la Crufca de Florence & de l'Académie Françoife, dont on a des Poéfies Françoifes, Latines, Ita-liennes & Efpagnoles, mort en 1713.

Qui ne les connoît qu'à demi,
S'honore d'être leur Ami ;
Qui les connoit bien, ne l'est guere.
Laire la, &c.

Ils sont d'un commerce très-doux,
Tant qu'ils ont affaire de vous ;
Hors de-là, c'est tout le contraire.
Laire la, &c.

Comme si tout leur étoit dû,
Chez eux, d'un service rendu
L'ingratitude est le salaire.
Laire la, &c.

Approcher d'eux comme du feu,
Les bien connoître & les voir peu,
C'est le mieux que vous puissiez faire.
Laire la, &c.

LV.

DE M. DE FENELON. (1)

Air : *De Joconde*, noté pag. 87.

IRIS, vous connoîtrez un jour
    Le tort que vous vous faites ;
Le mépris suit de près l'amour
    Qu'inspirent les Coquettes.
Cherchez à vous faire estimer,
    Plus qu'à vous rendre aimable ;
Le faux honneur de tout charmer,
    Détruit le véritable.

---

(1) Cette Chanson morale de l'Auteur du beau Roman de Télémaque, est apparament une de ces fleurs qu'il trouvoit sous ses pas dans sa jeunesse.

LVI.

DE COULANGES. (1)

Même Air.

D'ADAM nous sommes tous enfans,
La preuve en est connue,
Et que tous nos premiers parens
Ont mené la charrue.
Mais las de cultiver enfin
Sa terre labourée,
L'un a dételé le matin,
L'autre l'après-dinée.

---

(1) Philippe-Emmanuel de Coulanges, Parisien, Conseiller au Parlement, puis Maître des Requêtes, homme de plaisir qui faisoit très-facilement des Chansons, mort en 1716.

LVII.

Du même.

Air : *Que je regrette mon Amant.*

PERES, charmés de vos enfans,
Recevez cet avis sincere :
Etant seuls, prenez votre tems,
Pour jouir des plaisirs de pere ;
Mais en Public, en vérité,
Suspendez la paternité.

LVIII.

Du même.

Air : *De Joconde*, noté pag. 87. (1)

SUR votre bouche de travers
    Tout le monde raisonne ;
Tous les sentimens sont divers,
    Cette aventure étonne.
Pour moi, je ne m'étonne pas
    D'aventure pareille :
Votre bouche a voulu tout bas
    Vous parler à l'oreille.

----

(1) Ce Couplet est adressé à un homme, dont une fluxion avoit tourné la bouche.

LIX.

Du même. (1)

---

(1) Cette Chanson, faite par Coulanges a plus de 80 ans, s'adressoit à 3 ou 4 fameux Prédicateurs d'alors , qu'il voyoit souvent, & qui vouloient l'engager à mener une vie plus retirée. Elle n'est point imprimée parmi ses Œuvres.

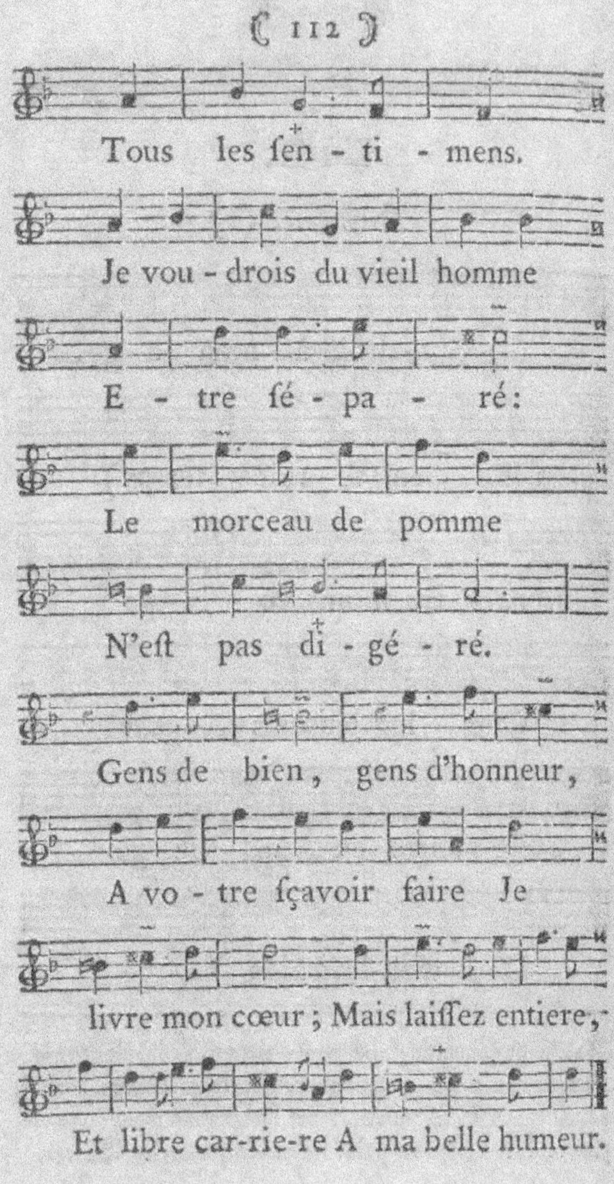
Tous les fen - ti - mens.
Je vou - drois du vieil homme
E - tre fé - pa - ré :
Le morceau de pomme
N'eſt pas di - gé - ré.
Gens de bien, gens d'honneur,
A vo - tre fçavoir faire Je
livre mon cœur ; Mais laiffez entiere,
Et libre car-rie-re A ma belle humeur.

LX.

DE Mme. DE SAINTONGE. (1)

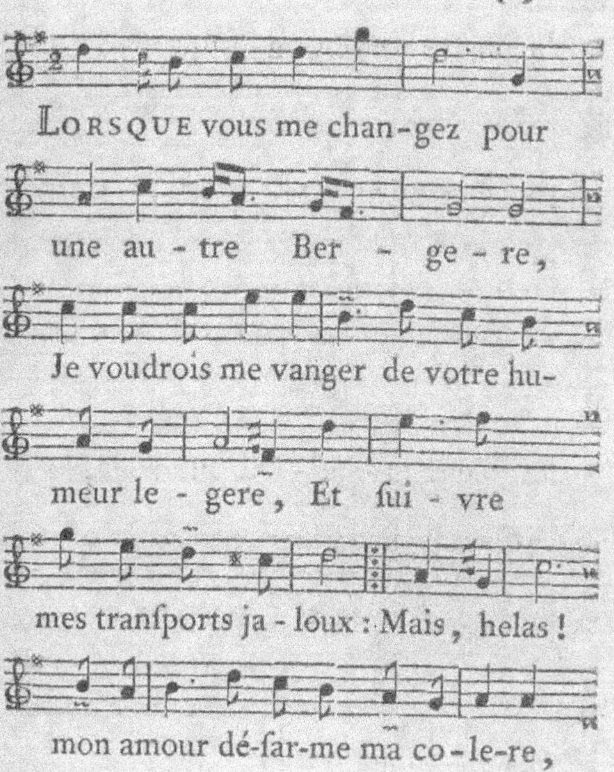

(1) Louife Géneviéve Gillot de Saintonge, de Paris, morte en 1718. Voyez fon caractere dans la Préface.

Tome I.   H

Et quand je cef - fe de vous plaire,
Je me trou - ve cent fois plus cou-
pa-ble que vous : Et quand je ceffe
de vous plaire, Je me trouve cent
fois plus cou - pa - ble que vous, Je
me trou-ve cent fois plus cou-
pa - ble que vous.

LXI.

De la même.

LXII.

De la même.

Air : *De Joconde*, noté pag. 87.

IL vous fied bien, charmante Iris,
De calculer votre âge,
Lorfque les Graces & les Ris
Sont fur votre vifage?
Votre tein vif eft du Printems
Une image fidelle :
C'eft fçavoir arrêter le tems,
Que d'être toujours belle.

LXIII.

DE FERRAND (1)

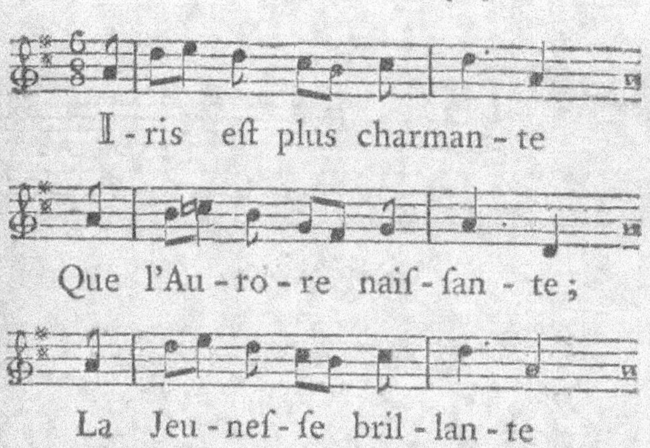

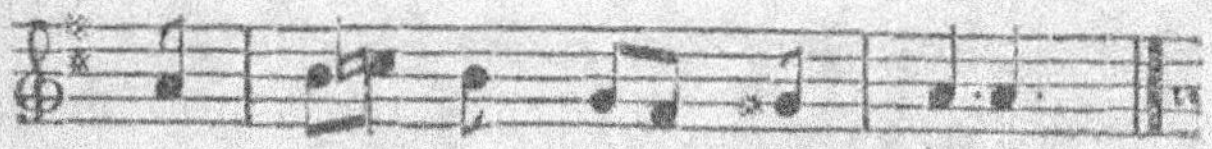

(1) Antoine Ferrand, Parifien, Confeiller de la Cour des Aydes, dont on a des Poéfies ingénieufes & légeres, difperfées dans différens Recueils, mort en 1719.

QUE vos yeux sont à craindre !
Iris, j'ai beau m'en plaindre,
Rien ne peut vous contraindre
D'aimer à votre tour.
Si je pouvois vous rendre
Tendre,
Quel plaisir de vous faire
Faire
Ce que, jusqu'à ce jour,
Vainement vous demande l'Amour !

LXIV.

Du même.

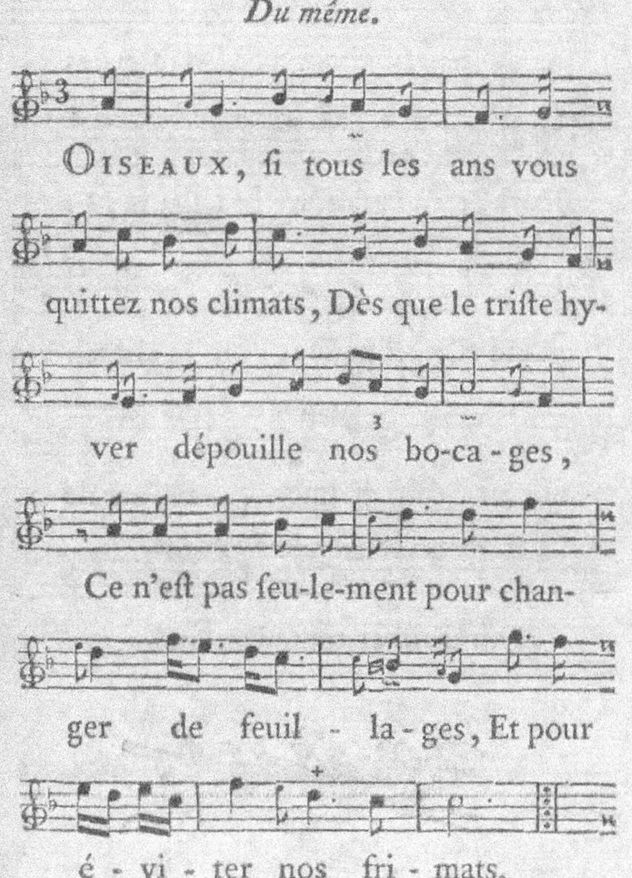
Oiseaux, si tous les ans vous
quittez nos climats, Dès que le triste hyver dépouille nos bo-ca-ges,
Ce n'est pas feu-le-ment pour changer de feuil - la-ges, Et pour
é - vi - ter nos fri - mats.

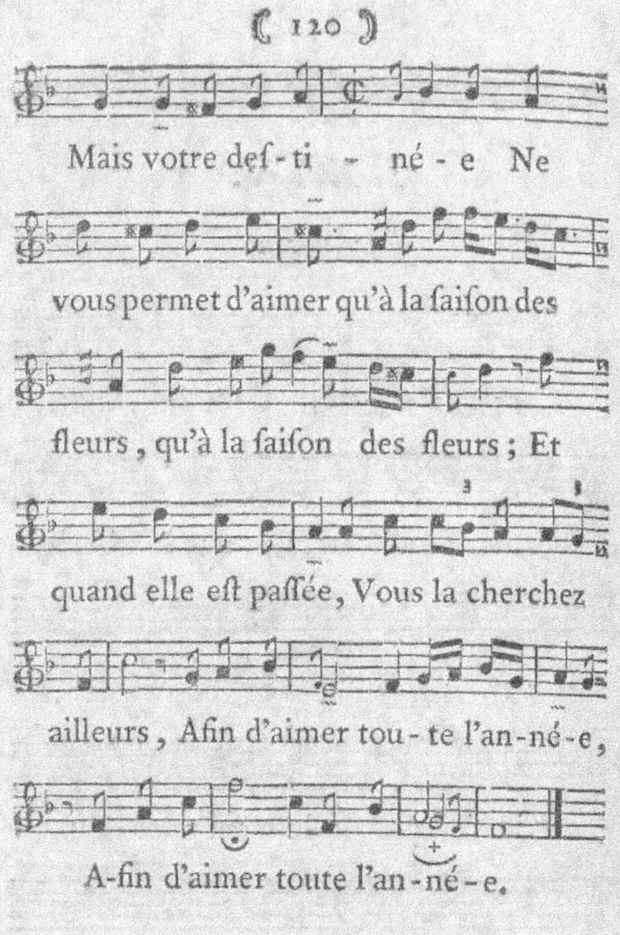

Mais votre def-ti — né-e Ne
vous permet d'aimer qu'à la faifon des
fleurs , qu'à la faifon des fleurs ; Et
quand elle eft paffée, Vous la cherchez
ailleurs , Afin d'aimer tou-te l'an-né-e,
A-fin d'aimer toute l'an-né-e.

LXV.

Du même.

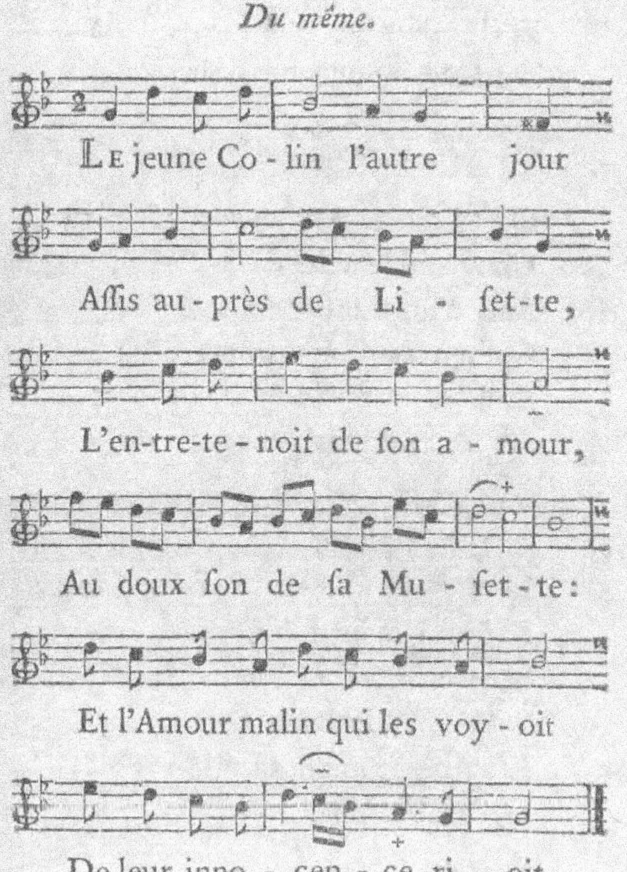

Le jeune Co - lin l'autre jour
Assis au - près de Li - set-te,
L'en-tre-te - noit de son a - mour,
Au doux son de sa Mu - set-te :
Et l'Amour malin qui les voy - oit
De leur inno - cen - ce ri - oit.

Le Berger fentoit des plaifirs
Dont il ignoroit l'ufage ;
Lifette formoit des defirs,
N'en fachant pas davantage :
Et l'Amour malin qui les voyoit
De leur innocence rioit.

Quelquefois un rouge ingénu
Couvroit le tein de la Belle ;
Saifi d'un tranfport inconnu ,
Colin rougiffoit comme elle :
Et l'Amour malin qui les voyoit
De ce trouble innocent rioit.

L'Amant, plus hardi, fur fon fein ,
Porta fa main téméraire ;
Lifette prévit fon deffein ,
Sourit , & le laiffa faire :
Et l'Amour malin qui les voyoit
De ce badinage rioit.

BIENTÔT de ses transports secrets
Colin connut le mystère,
Et déja ses yeux indiscrets
En parloient à sa bergere :
Et l'Amour malin qui les voyoit
De leurs prochains plaisirs rioit.

LXVI.

DE L'ABBÉ DE CHAULIEU. (1)

---

(1) Guillaume Amfrye de Chaulieu, Abbé d'Auma-
le, Poëte agréable, ingénieux & facile, qui fut disciple de Chapelle, & l'ami du Marquis de la Fare, mort
en 1720.

(2) Passerat disoit *que la Jalousie venoit de l'Amour,
comme le Vinaigre provient du Vin.*

LXVII.

Du même.

yeux ; Mais, hé-las ! je sens que l'ab-
sen - ce Me gué-rit trop du mal
que m'avoient fait vos yeux.
Je ne puis plus souf - frir ce tran -
quile sé-jour : Mon cœur n'y connoît
plus ni de - sirs, ni ten-dres - se.
J'y trouve une au-tre Maî-tres - se ;
Mais, hé-las ! je n'y puis re-trou-

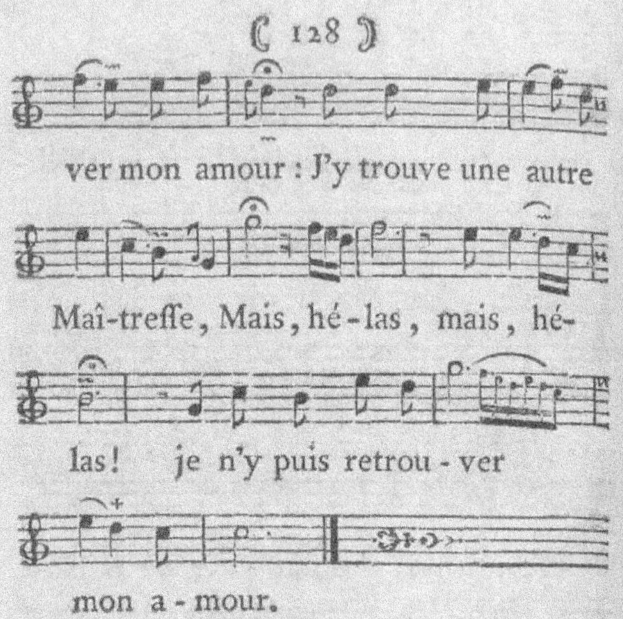

ver mon amour : J'y trouve une autre
Maî-treſſe, Mais, hé-las, mais, hé-
las !   je n'y puis retrou-ver
mon a-mour.

LXVIII.

Du même.

Tome I.   I

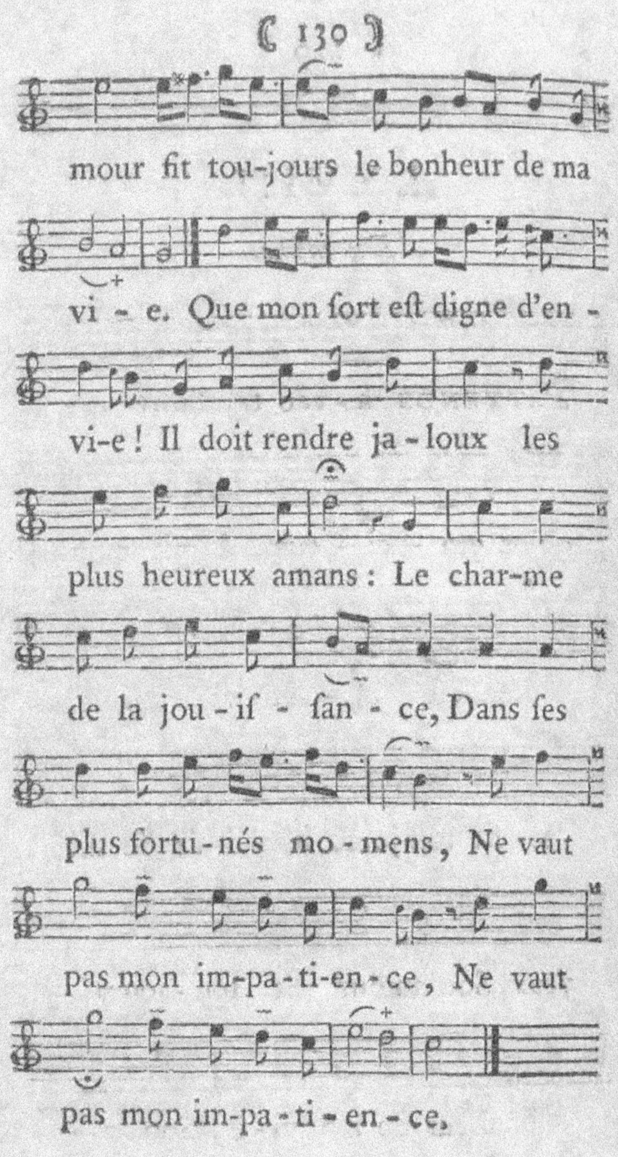
mour fit tou-jours le bonheur de ma
vi ~ e. Que mon fort eft digne d'en -
vi-e! Il doit rendre ja-loux les
plus heureux amans: Le char-me
de la jou-if - fan - ce, Dans fes
plus fortu-nés mo-mens, Ne vaut
pas mon im-pa-ti-en-ce, Ne vaut
pas mon im-pa-ti-en-ce.

L X I X.

Du même.

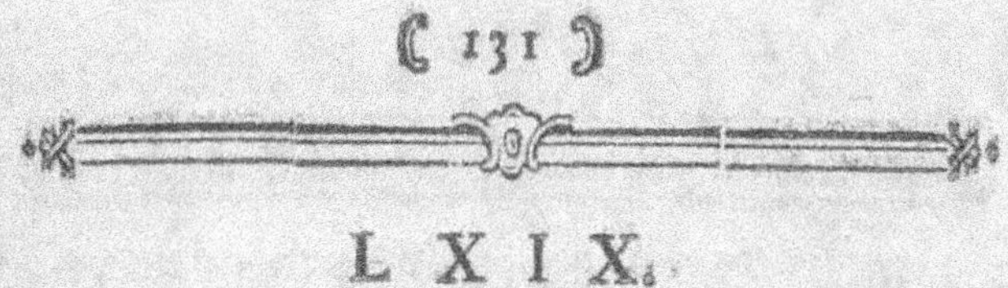

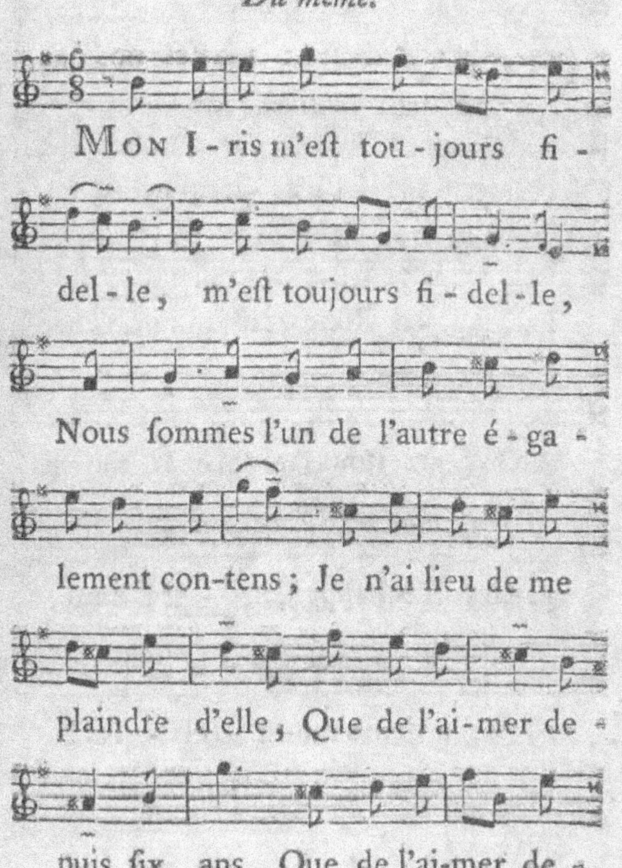
MON I - ris m'eſt tou - jours fi -
del - le, m'eſt toujours fi - del - le,
Nous ſommes l'un de l'autre é - ga -
lement con - tens ; Je n'ai lieu de me
plaindre d'elle, Que de l'ai - mer de -
puis ſix ans, Que de l'ai - mer de -

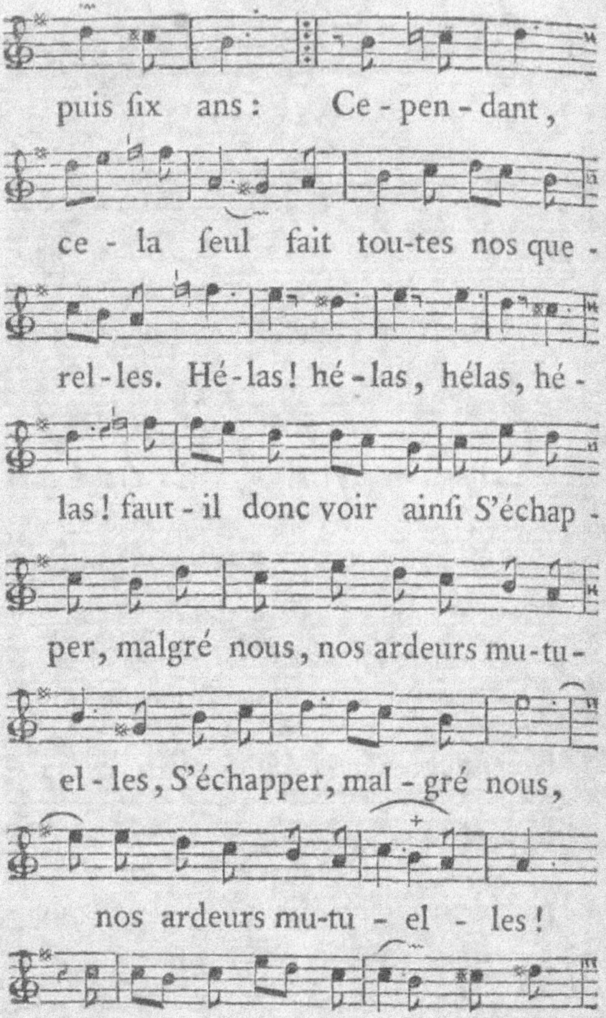

puis six ans : Ce - pen - dant,

ce - la seul fait tou-tes nos que -

rel - les. Hé - las ! hé - las, hélas, hé -

las ! faut - il donc voir ainsi S'échap -

per, malgré nous, nos ardeurs mu-tu-

el - les, S'échapper, mal - gré nous,

nos ardeurs mu-tu - el - les !

N'é-toit - ce point af - sez que le

Temps eût des aî - les ? Pourquoi, vo-
lage A - mour, en a - vez
vous auſ - ſi ? Pour - quoi, vo -
lage Amour, en a - vez vous auſ -
ſi ? Pour - quoi, vo-lage Amour, en
a - vez-vous auſ - ſi ?

LXX.

Du Comte Hamilton. (1)

Air : Mais, ou Quand il est dans la riviere.

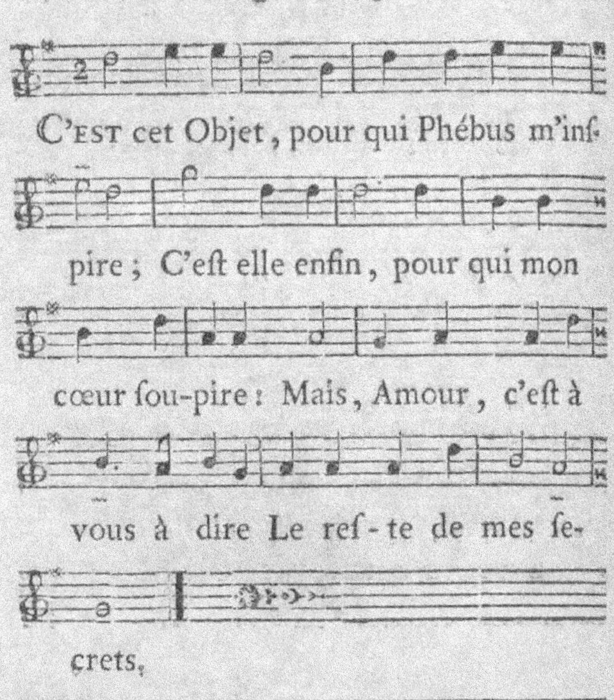

---

(1) Antoine Hamilton, auteur des Mémoires du fameux Comte de Grammont, son beau-frere, & de plusieurs
Contes en prose très-agréables, mort en 1720.

CHANTEZ, Oiseaux, dès la naissante Aurore,
Chantez son nom toute la nuit encore :

                    Mais
      Dites lui que je l'adore,
      Ou bien ne chantez jamais.

DOUX Rossignols, hôtes de ce bocage,
Dans vos concerts rendez-lui votre hommage
                    Mais
      Mêlez, à votre ramage,
      Mêlez, ces nouveaux couplets.

LXXI.

Du même. (1)

Air : *De Joconde*, noté pag. 87.

POURQUOI vous offrir à nos yeux
　　Si brillante & si belle ?
L'éclat qui vous suit en tous lieux
　　N'est pas d'une mortelle :
L'Amour emprunte vos attraits,
　　Pour faire des conquêtes,
Et laisse reposer ses traits
　　Dans les lieux où vous êtes.

---

(1) Couplet adressé à *Mademoiselle de Melfort.*

LXXII.

DE VERGIER. (1)

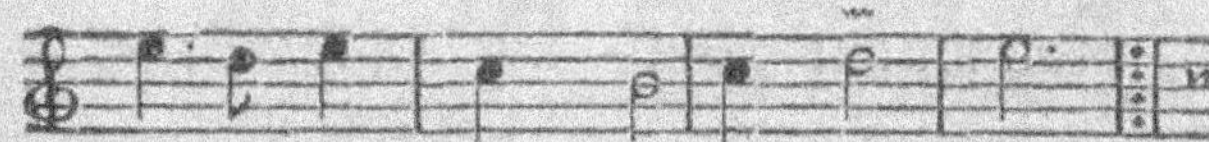

(1) Jacques Vergier, natif de Lyon, Commissaire
Ordonnateur de la Marine, Chansonnier correct, élégant,
& sur-tout très-bon Parodiste, mort en 1720.

Que son é-clat est beau ! C'est à ce

feu , qui dans mon verre   brille , Que

mon amour al-lu - me son flambeau.

LXXIII.

Du même.

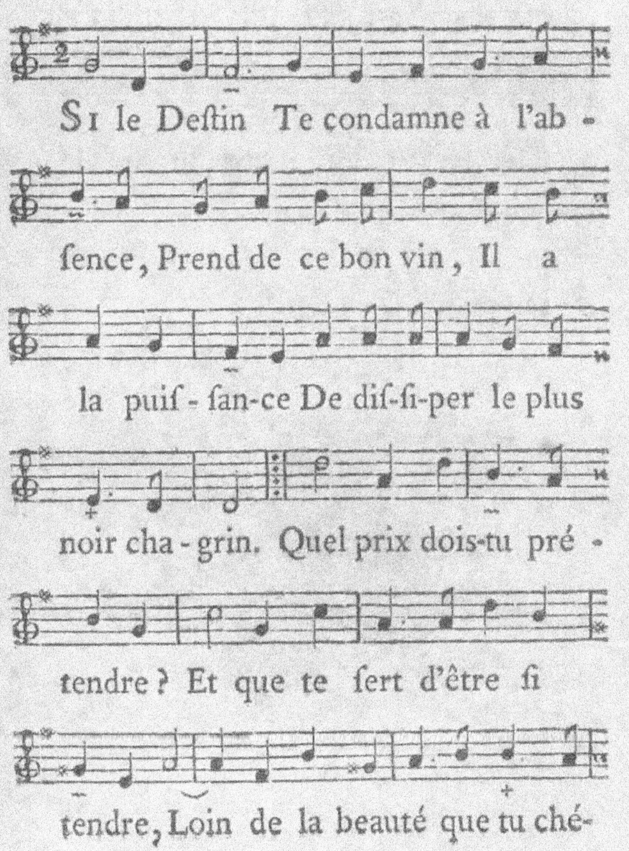

ris ? Malheu - reux , tes cris , tes cris
Ne ſauroient de ſi loin ſe
faire en - tendre : Bois , ta Bel - le
fait peut ê-tre pis.

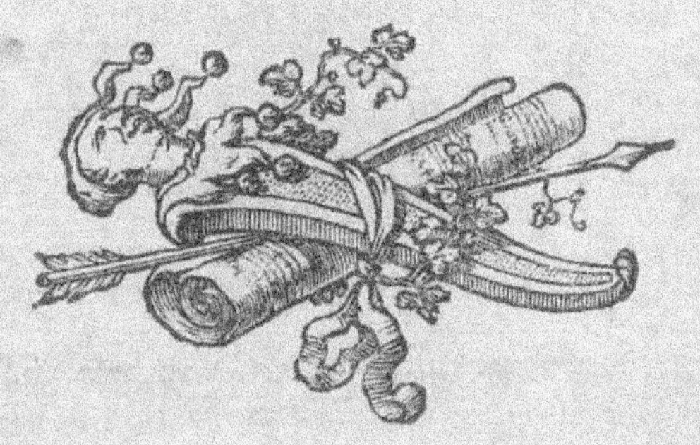

LXXIV.

DE PALAPRAT. (1)

Air : *noté pag.* 111.

CLIMAT doux & fertile,
Prés verds & fleuris,
Campagne où Virgile
Chantoit Alexis,
Que n'est-tu tranquille,
Que n'est-tu l'asyle
Des Jeux & des Ris !
Je voudrois dans ces plaines,
Par quelque Chanson,
Célébrer de Gênes
Le bel Agathon.

---

(1) Jean Palaprat, Touloufain, dont on a plusieurs Pieces de Théâtre faites en société avec l'Abbé de Brueys, mort en 1721. Il fit cette Chanson à l'armée du Duc de Vendôme, dans le Mantouan, pour le jeune Prince Doria, de Gênes.

Le divin Echanson,
Que tout l'Olympe admire,
Fut moins beau Garçon.
Mais trop haut j'aspire :
Il faudroit la Lyre
Du grand Campiſtron.

LXXV.

DE DU FRESNY. (1)

Air : *Reveillez-vous belle endormie.*

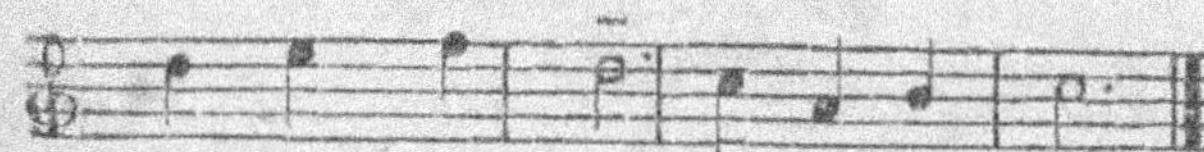

---

(1) Charles Riviere Dufresny, ancien Valet-de-Chambre du Roi & Contrôleur de ses Jardins, bon Poëte Comique, mort en 1724. On a de lui beaucoup de Chansons d'un goût singulier, dont il faisoit l'air & les paroles.

CRAIGNEZ que je ne vous éveille,
Favorifez ma trahifon :
Vous foupirez, votre cœur veille,
Laiffez dormir votre raifon.

PENDANT que la raifon fommeille,
On aime fans y confentir ;
Pourvu qu'Amour ne la reveille,
Qu'autant qu'il faut pour le fentir.

SI je vous apparois en fonge,
Profitez d'une douce erreur ;
Goutez le plaifir du menfonge,
Si la vérité vous fait peur.

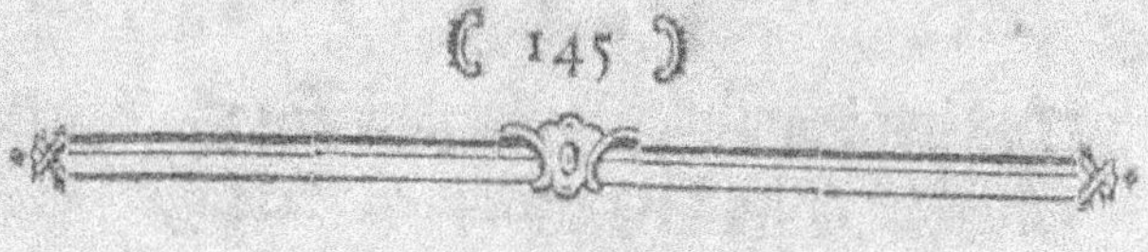

LXXVI.

Du même.

Même Air.

PHILIS, plus avare que tendre,
Ne gagnant rien à refuser,
Un jour exigea de Silvandre
Trente moutons pour un baiser.

LE lendemain, nouvelle affaire :
Pour le Berger le troc fut bon ;
Car il obtint de la Bergere
Trente baisers pour un mouton.

LE lendemain, Philis plus tendre,
Craignant de déplaire au Berger,
Fut trop heureuse de lui rendre
Trente moutons pour un baiser.

Tome I.   K

LE lendemain, Philis peu sage
Auroit donné moutons & chien,
Pour un baiser que le volage
A Lisette donnoit pour rien.

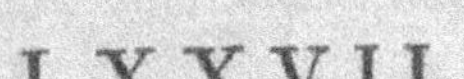

LXXVII.

Du même.

Air : *De tous les Capucins du monde*, noté pag. 43.

PAR devant le Dieu de Cythère,
Qui vaut beaucoup mieux qu'un Notaire,
Iris, voulez-vous contracter
Une promesse respective ?
Moi de vivre, pour vous aimer :
Vous de m'aimer, pour que je vive.

LXXVIII.

Du même.

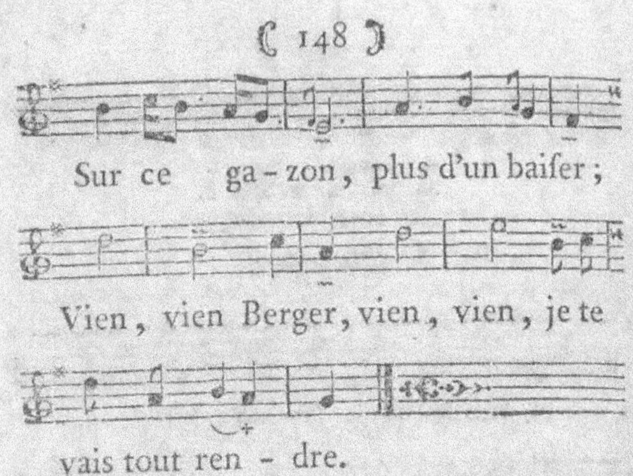
Sur ce ga-zon, plus d'un baiſer ;
Vien, vien Berger, vien, vien, je te
vais tout ren - dre.

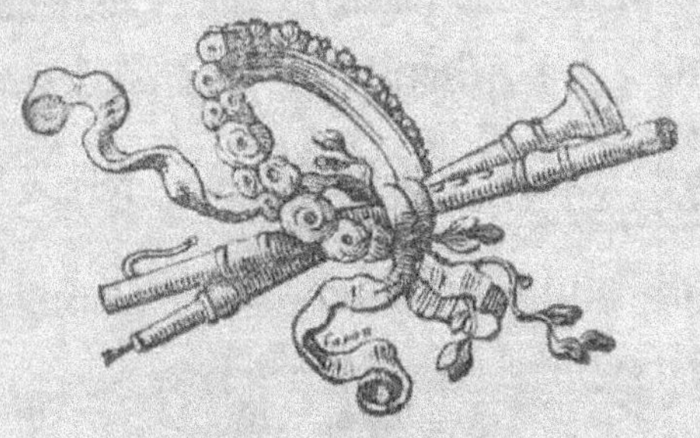

LXXIX.

DE MALEZIEU. (1)

Air : *De tous les Capucins du monde*, noté pag. 43.

TREVE aux Chansons, ne vous déplaise :
Je ne sçaurois boire à mon aise,
Quand il faut arranger des mots.
Gardons, suivant l'antique usage,
Parmi les verres & les pots,
La liberté, jusqu'au langage.

EVITONS toute servitude,
Et fuyons la pénible étude
De rimailler hors de saison.
C'est une plaisante maxime,
Quand il faut perdre la raison,
De vouloir conserver la rime.

---

(1) Nicolas de Malezieu, Chef des Conseils de M. le
Duc du Maine, Fils de Louis XIV. & Chancelier de
Dombes, habile Mathématicien, de l'Académie des Sciences & de l'Académie Françoise. Il étoit l'ame des Divertissemens & des Fêtes que la feue Duchesse du Maine donnoit à Sceaux. Mort en 1727.

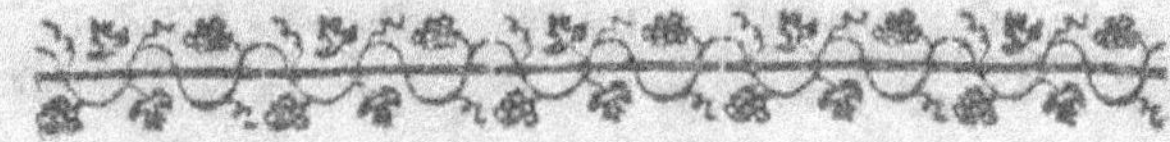

LXXX.

Du même.

Air : *De Joconde*, noté pag. 87.

GRAND Prieur, vuidons tes Celliers,
   J'en veux donner l'exemple:
Buvons comme des Templiers,
   Nous voici dans le Temple.
De ses antiques fondateurs
   Rappellons la mémoire,
Non, par le désordre des mœurs,
   Mais à force de boire.

LXXXI.
DU GRAND PRIEUR
DE VENDÔME. (1)

(1) Philippe de Vendôme, Grand Prieur de France, mort en 1727.

LXXXII.

DE LA MONNOYE. (1)

Air : *Des Triolets*, noté pag. 64.

Si je ne gagne mon Procès,
Vous ne gagnerez pas le vôtre :
Vous n'aurez pas un bon succès,
Si je ne gagne mon procès.
Vous avez chez moi libre accès,
J'en demande chez vous un autre.
Si je ne gagne mon procès,
Vous ne gagnerez pas le vôtre.

---

(1) Bernard de la Monnoye, auteur des Noels Bourguignons, estimés par la naïveté & le sel dont ils sont remplis, mort en 1728.

LXXXIII.

DE Mme. DREUILLET. (1)

---

(1) Elizabeth Dreuillet, femme d'un Président au Enquêtes du Parlement de Toulouse, où elle étoit née,
morte en 1730. Elle étoit de la Cour de Mme la Duchesse du Maine, & par la vivacité de son esprit, elle
en faisoit un des principaux agrémens. Cette Princesse
avoit un Recueil de ses Poésies.

mens rigou - reux ! Tircis se
plaint de mon in - dif-fé - ren-ce :
Hé - las ! que ce Ber-ger a
peu d'ex-pé-ri - en - ce !
S'il fçavoit li - re dans mes yeux,
Il ver - roit bien qu'il eſt plus heu -
reux qu'il ne penſe , qu'il eſt plus heu -
reux qu'il ne pen - ſe.

LXXXIV.

DE LA FAYE. (1)

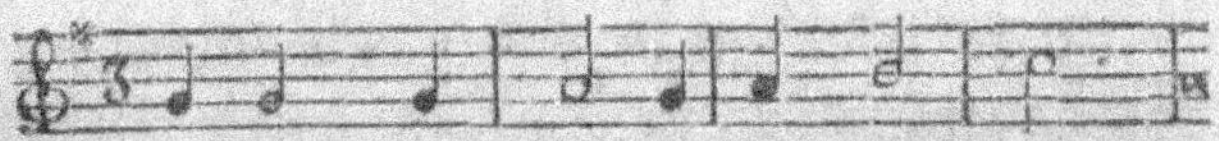

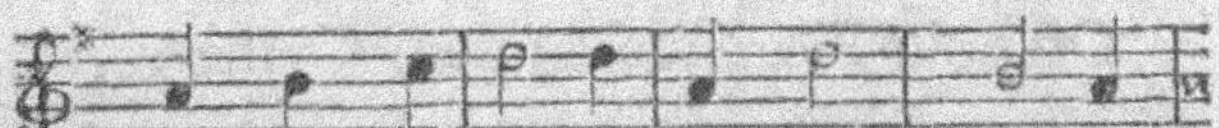

---

(1) Jean-François Lériget de la Faye, Dauphinois,
de l'Académie Françoise, mort en 1731. M. de Voltaire,
dans le *Temple du Goût*, en fait ce Portrait.

Il a réuni le mérite
Et d'Horace & de Pollion,
Tantôt protégeant Apollon,
Et tantôt chantant à sa suite.
Il reçut deux présens des Cieux,
Les plus charmans qu'ils puissent faire :
L'un étoit le talent de plaire,
L'autre le secret d'être heureux.

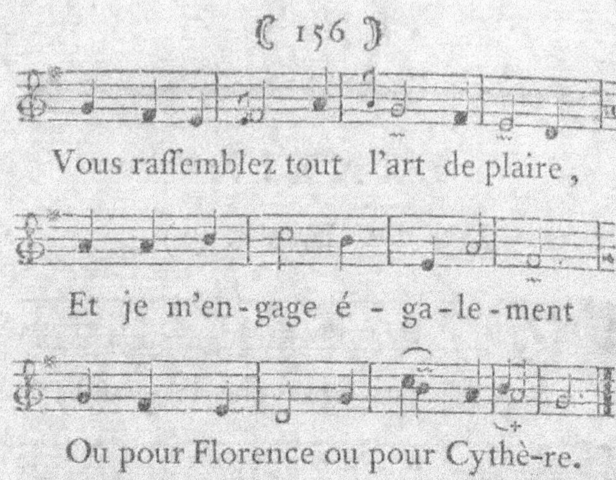

---

(2) Ce Couplet fut fait *impromptu* à un Bal, & adreffé par l'Auteur à un joli Mafque dont il ne pouvoir découvrir le fexe.

LXXXV.

Du même.

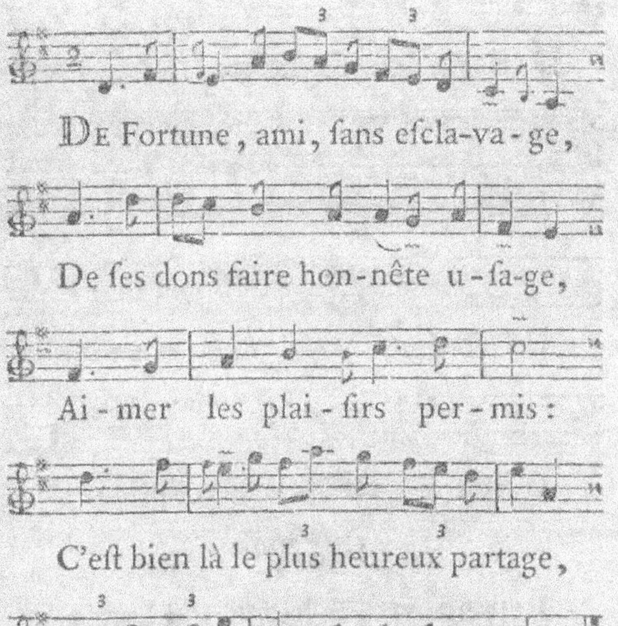

LXXXVI.
DE LA MOTHE. (1)

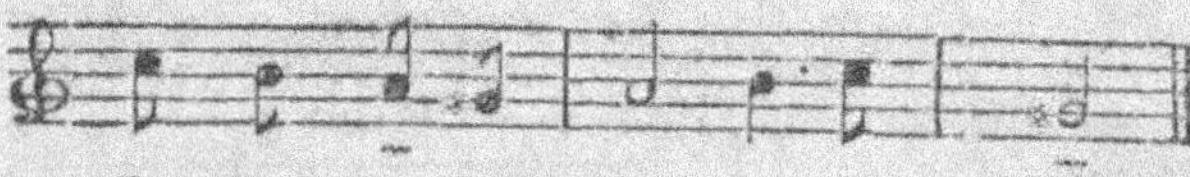

J'APPROCHE, sa beauté me flatte ;
Mais j'aurois dû m'en défier.
J'y vis tous les traits d'une Ingrate,
Que j'avois juré d'oublier.

---

(1) Antoine Houdart de la Mothe, Parisien, mort en
1731.

Il avoit la bouche vermeille,
Le tein aussi beau que le sien.
Un soupir m'échappe, il s'éveille :
L'Amour se réveille de rien.

Aussi-tôt déployant ses aîles,
Et saisissant son Arc vengeur,
D'une de ses flêches cruelles,
En partant, il me blesse au cœur.

Va, dit-il, aux pieds de Silvie,
De nouveau languir & brûler;
Tu l'aimeras toute ta vie,
Pour avoir osé m'éveiller.

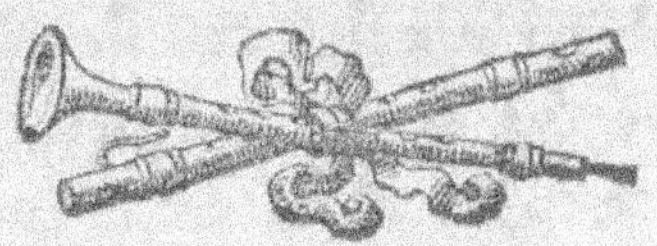

LXXXVII.

Du même

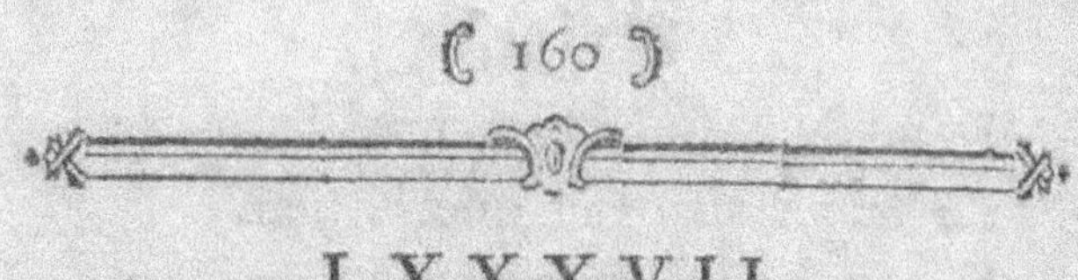

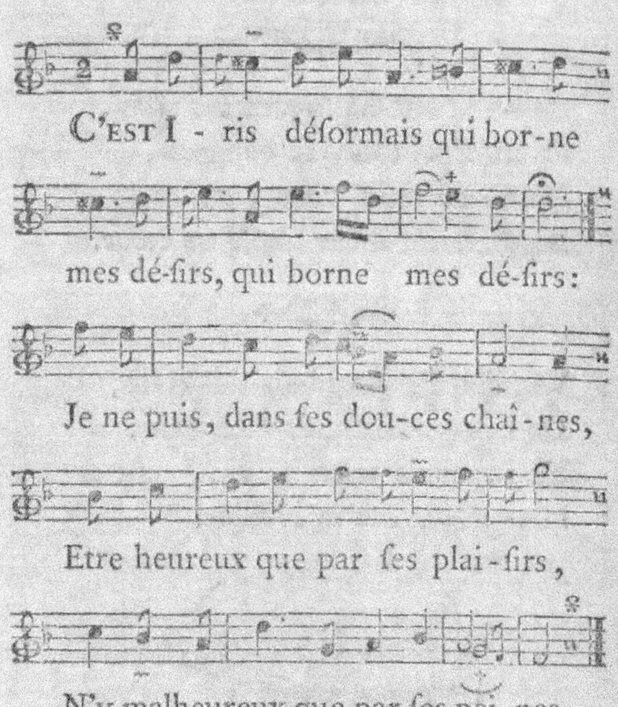

LXXXVIII.

DE ROCHEBRUNE. (1)

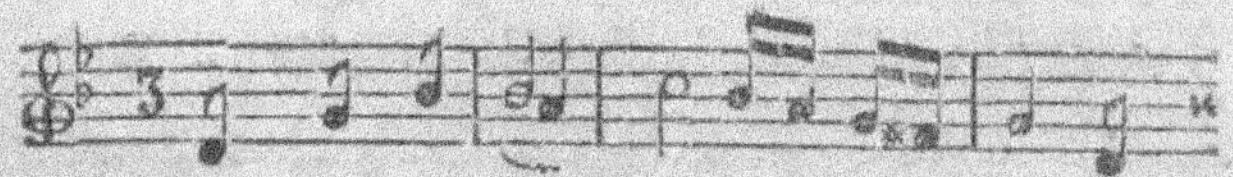

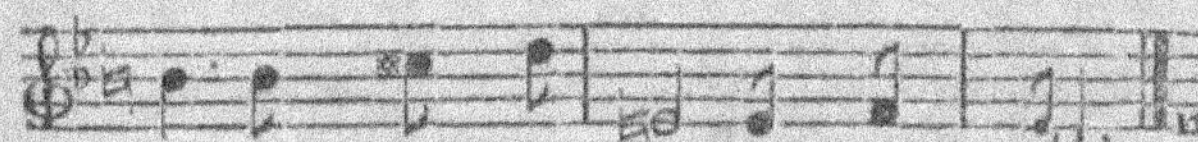

---

(1) Homme d'esprit, qui étoit de la société de la
Mothe, & l'un de ses plus zélés partisans. Il est com-
pris dans les Couplets attribués à Rousseau. Mort vers l'an
1732.

Tome I.   L

Vous of - frez des secours char - mans

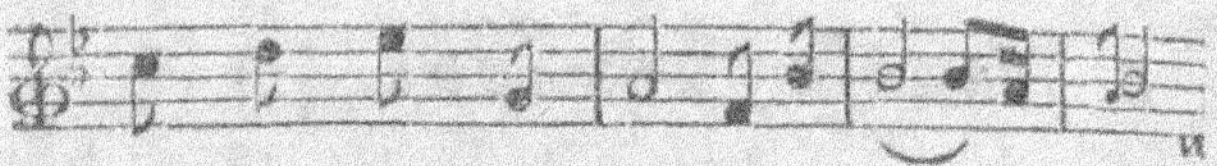

Aux plus doux plaisirs de la ter - re:

Vous ser - vez de lit aux A - mans,

Aux Bu-veurs vous servez de ver - re;

Vous ser - vez de lit aux A-mans,

Aux Bu - veurs vous ser - vez de

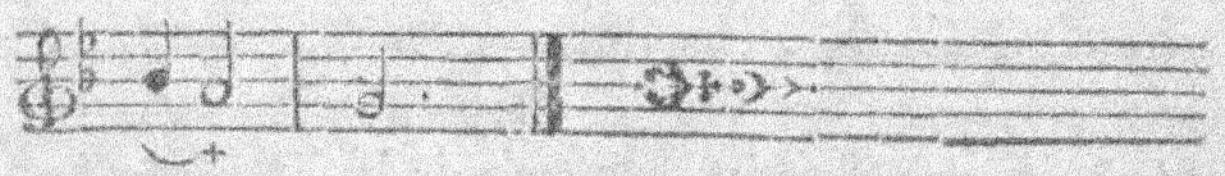

ver - re,

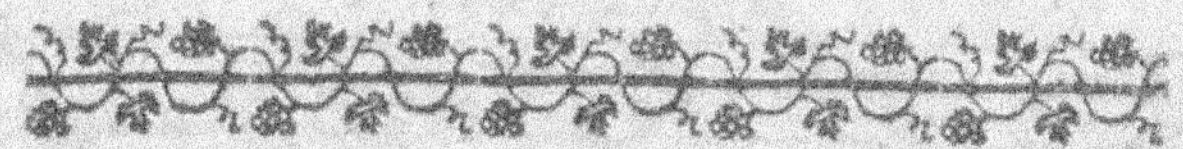

LXXXIX.

DE MORFONTAINE. (1)

---

(1) Morfontaine, Gentilhomme de Brie, est auteur d'une grande partie des paroles mises en Musique par du Bousset, & insérées dans ses Recueils. Il avoit fait un Opera de *Pirame & Thisbé*, dont Marchand, le fameux Organiste, avoit commencé la Musique qui n'a point été achevée. On le croit mort vers l'an 1732.

de la mê - me fou - ge - re
Sur la quel - le cent fois,
J'a - mu - sai ma Ber-ge-re.

X C.

DE L'ABBÉ D'AMFREVILLE (1)

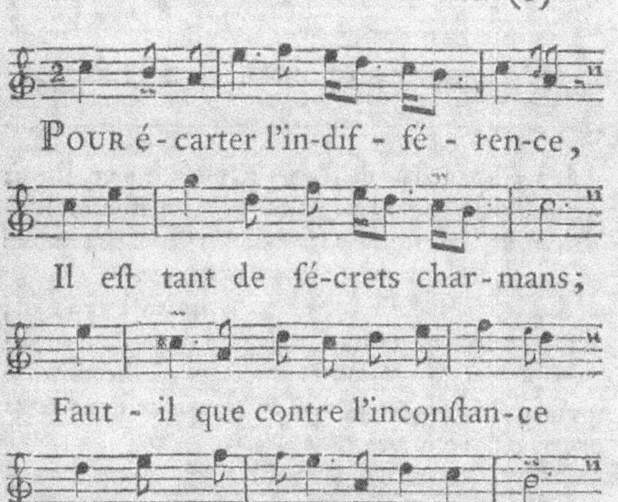

L'Amour n'ait point de Taliſ-mans !

---

(1) L'Abbé d'Amfreville, parent de Jacques Davi du Peron, Cardinal & grand Aumônier de France, ſi connu par ſes Poéſies, » avoit hérité de toute la ſenſibilité de ce » Prélat, pour les choſes d'eſprit qui tiennent au ſentiment. » Peu de gens ont eu un caractere auſſi liant, une conver- » ſation plus agréable, & plus de talent pour ce qu'on ap- » pelle conter. On peut dire encore qu'il écrivoit, on ne » peut pas mieux, dans le genre épiſtolaire, & que c'étoit

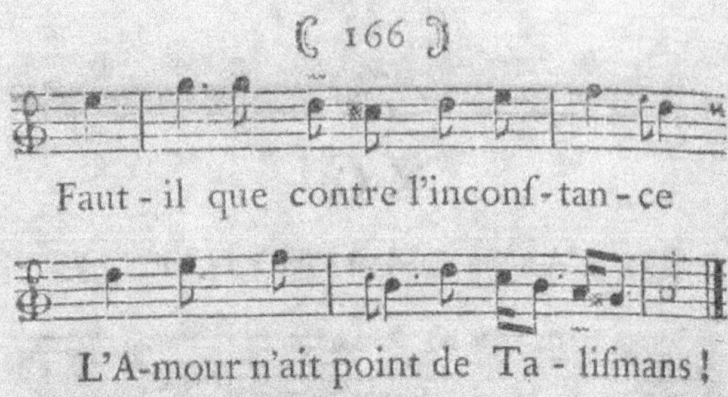

„ le meilleur lecteur de fon fiécle, profe & vers. Il avoit
„ beaucoup contribué par fes confeils à perfectionner la cé-
„ lébre Le Couvreur. Il a fait quelques Chanfons aimables:
„ voici la feule que nous ayons pû retrouver. „

La Demoifelle Le Couvreur, morte en 1730, fut,
dit-on, enterrée, dans fon jardin & il lui furvêcut de plufieurs années. Or comme nous n'avons pû découvrir l'é-
poque jufte de fa mort, nous le plaçons au terme moyen
qui nous paroît le plus vraifemblable.

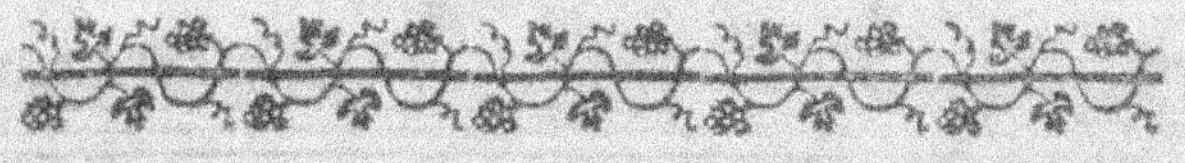

XCI.

DE SANADON. (1)

---

(1) Noel Etienne Sanadon J. mort en 1733 , a aussi
traduit heureusement en Latin quelques autres Chansons
de table.

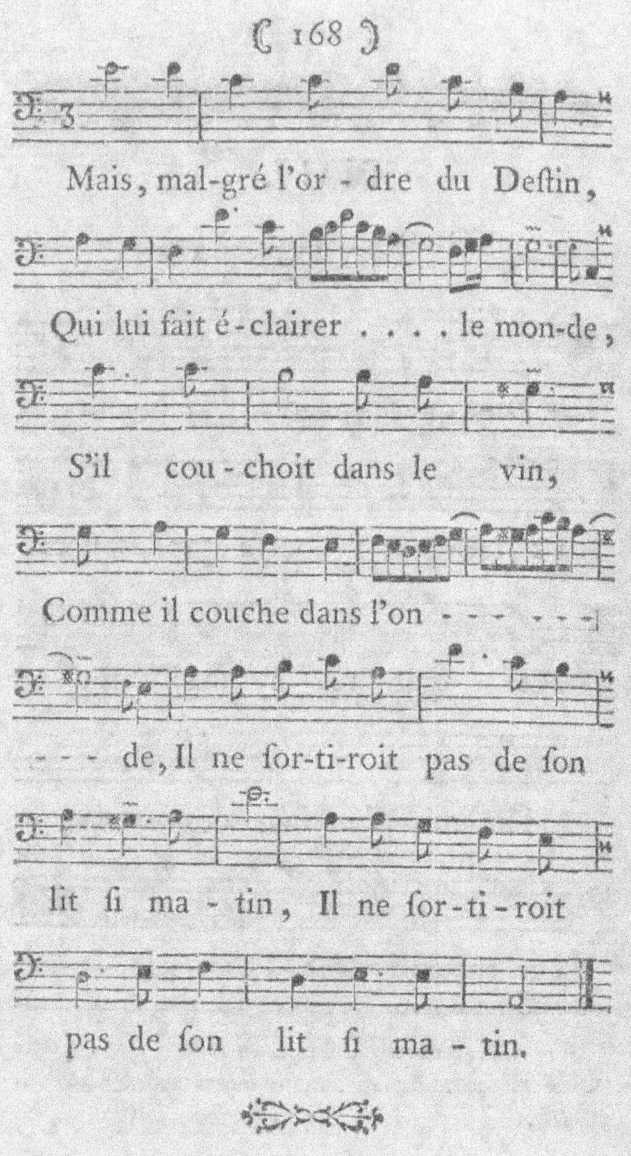

Mais, mal-gré l'or - dre du Destin,
Qui lui fait é-clairer . . . . . le mon-de,
S'il cou-choit dans le vin,
Comme il couche dans l'on - - - - - -
- - - de, Il ne sor-ti-roit pas de son
lit si ma - tin, Il ne sor-ti-roit
pas de son lit si ma - tin.

XCII.

DE Mme. THYBERGEAU. (1)

---

(1) Madame Thybergean a vécu jusque dans un âge très-avancé, conservant toutes les graces de son esprit. Elle est morte avant 1735. Il y a dans les Œuvres mêlées du Comte Hamilton une Lettre de cette Dame qui commence par ces quatre Vers :

LES Muses & l'Amour veulent de la jeunesse :
Je rimois autrefois & rimois assez bien.
Aujourd'hui le Parnasse, & la douce tendresse,
Sont étrangers pour moi ; je n'y connois plus rien.

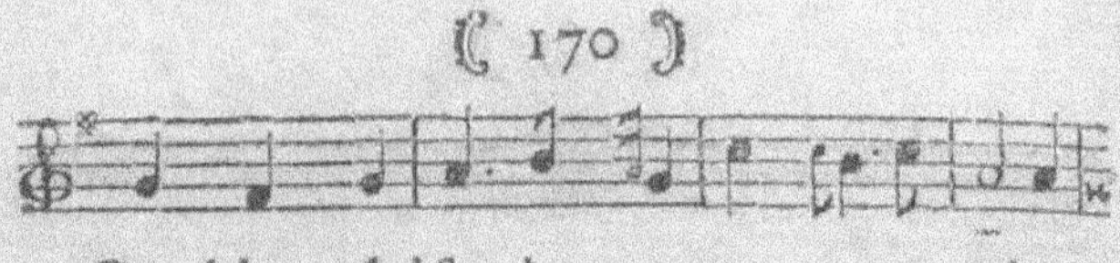

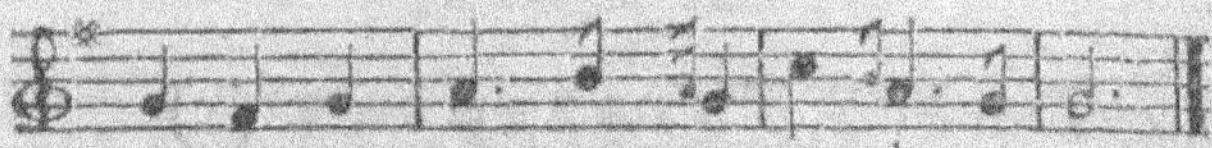

On m'a bien dit : Tant douce rêverie,
Jeux de l'esprit, riante oisiveté,
Par trop souvent rendent l'ame attendrie.
C'étoit ainsi que vivoit Egerie
Avec Lisis, il en a profité.

Moi je réponds : Flatteuse rêverie,
Jeux de l'esprit, doux emploi du loisir,
Font jusqu'ici le charme de ma vie.
Pour un Lisis devenir attendrie,
Peut-être encore est-ce un plus grand plaisir.

XCIII.

DE SENECÉ. (1)

---

(1) Antoine Bauderon de Senecé, de Mâcon, mort en 1737, un peu négligé quelquefois dans fa verfification, mais dont les Poéfies ont de l'agrément.

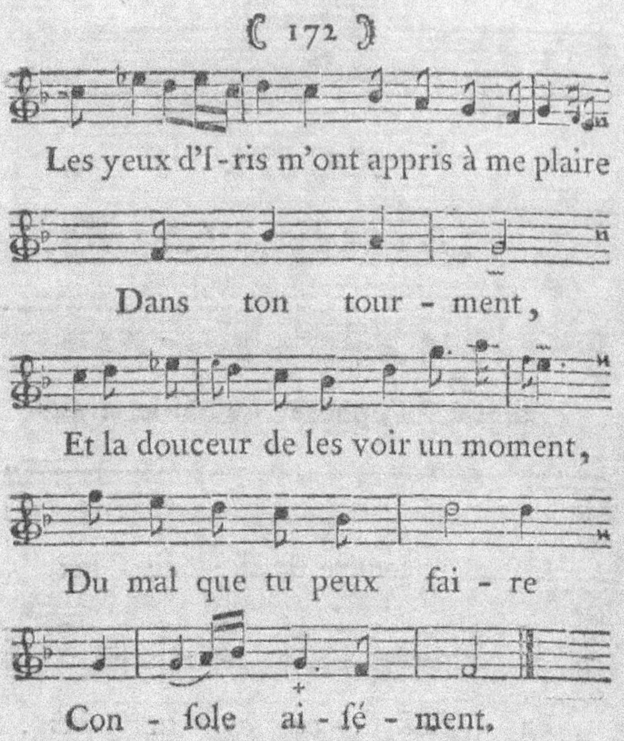

Les yeux d'I-ris m'ont appris à me plaire
Dans ton tour - ment,
Et la douceur de les voir un moment,
Du mal que tu peux fai - re
Con - fole ai - fé - ment.

XCIV.

D'HAGUENIER. (1)

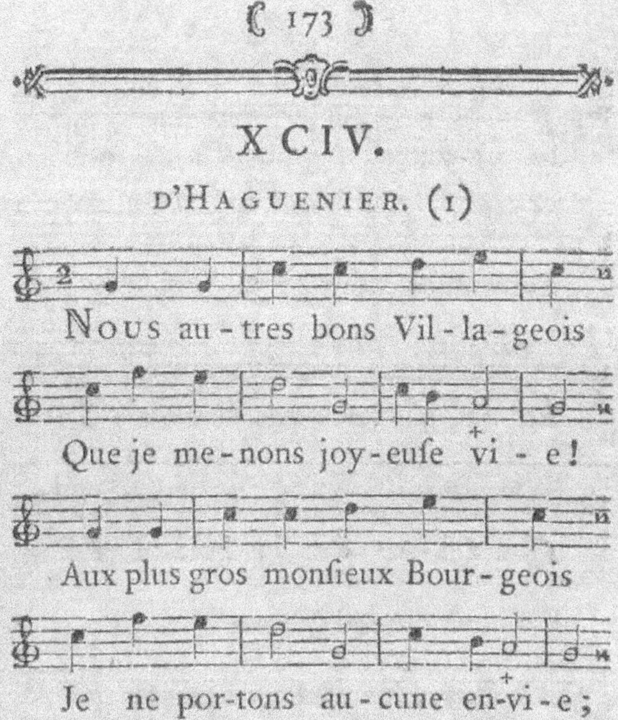

---

(1) Jean Haguenier, de Bourgogne, mort en 1738, a fait des Chanfons à boire, & des Vaudevilles, qui ont eu une affez grande vogue. Les meilleurs font ceux que l'on ne peut pas faire entrer dans cette Collection ; ils font un peu trop licencieux. De fon tems on n'avoit pas les oreilles fi délicates, quoique les mœurs fuffent peut-être, dans le fond, moins relâchées qu'aujourd'hui.

M. de Voltaire, qui dans fa jeuneffe avoit rencontré Haguenier dans le monde, a dit de lui qu'il ne compofoit que des *Chanfons à boire de l'eau.* Cependant il y en a d'affez bien faites, & quelques-unes même ont du génie.

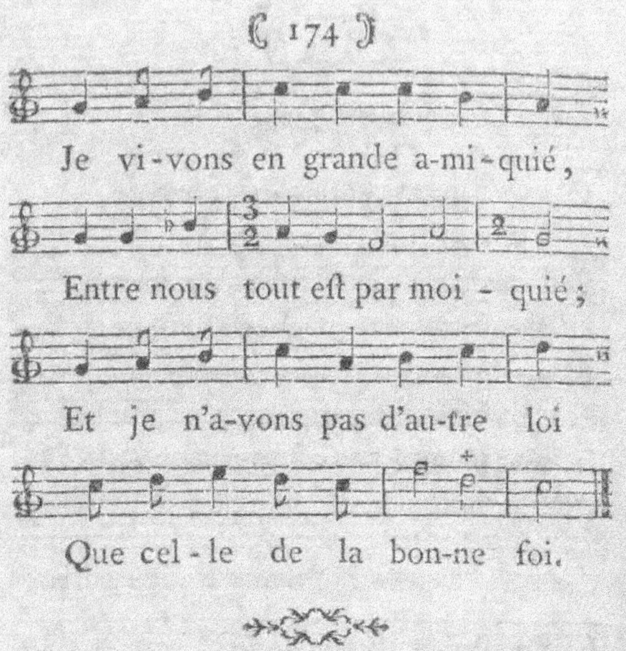

LES ſoins, les ſoupçons jaloux
N'embaraſſont point notre tête ;
Nos femmes toutes pour nous,
Ne nous font pas porter la crête ;
Si j'voyons des Cocus par fois,
C'eſt tous les ans quelques Bourgeois,
Qui venont, comme en rendez-vous,
Paſſer les Vacances chez nous.

QUAND je revenons des champs,
Je trouvons une minagere,
Qui des plus biaux fruits du temps
Nous offre en riant chere entiere.
Après souper, fur nos genoux
Elle batifole avec nous,
Et pis, quand je fommes en train,
Alle fe boute au lit foudain.

SI t'avois vu l'autre jour
Cette Madame Procureufe,
Dans nos bois faire l'amour,
Alle a bien l'air d'une amoureufe.
Ils étoient deux, & j'entendois
Qu'elle difoit : Rian que trois fois?
Chien d'Avocat, amant tranfi,
Que mon grand Clerc n'eft-il ici!

Ce que je te dis tout bas,
Lucas, ne va pas le redire;
Car ces Messieux n'aimont pas
Que d'eux j'osions ainsi médire.
Je sis voisin du Procureur,
Il est jaloux de son honneur:
Pour se venger, il pourroit bien
Achéter ma Vigne pour rien.

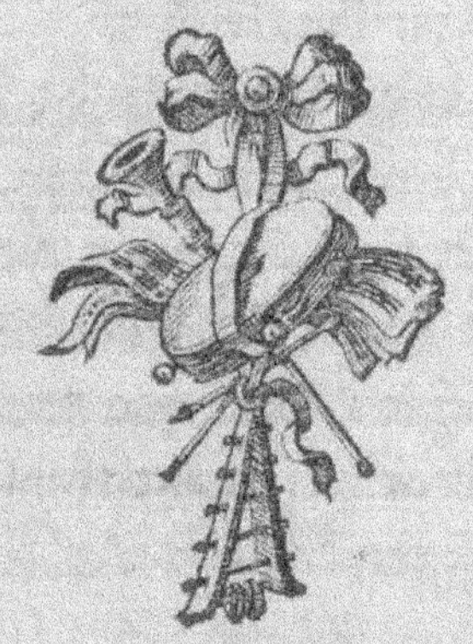

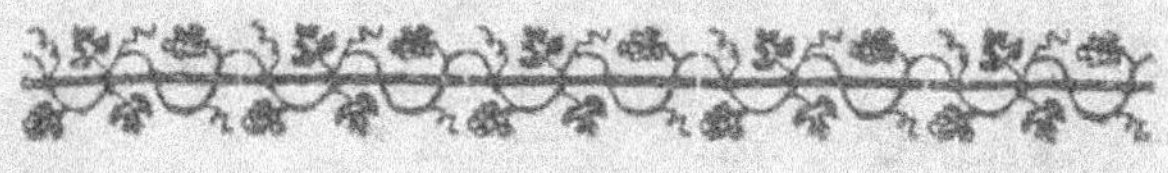

X C V.

Du même.

Tome I. M

DORMIR est un tems perdu,
Bien fou qui s'y livre.
Sommeil, prends ce qui t'est dû,
Mais attends que je sois yvre :
Saisis-moi dans ce moment,
Fais-moi dormir promptement,
Je suis pressé de vivre.

MAIS si quelqu'objet charmant,
Dans un songe aimable,
Vient du plaisir séduisant
M'offrir l'image agréable,
Sommeil, allons doucement,
L'erreur est, en ce moment,
Un plaisir véritable.

XCVI.

Du même.

Air : *Marche des Calottins.*

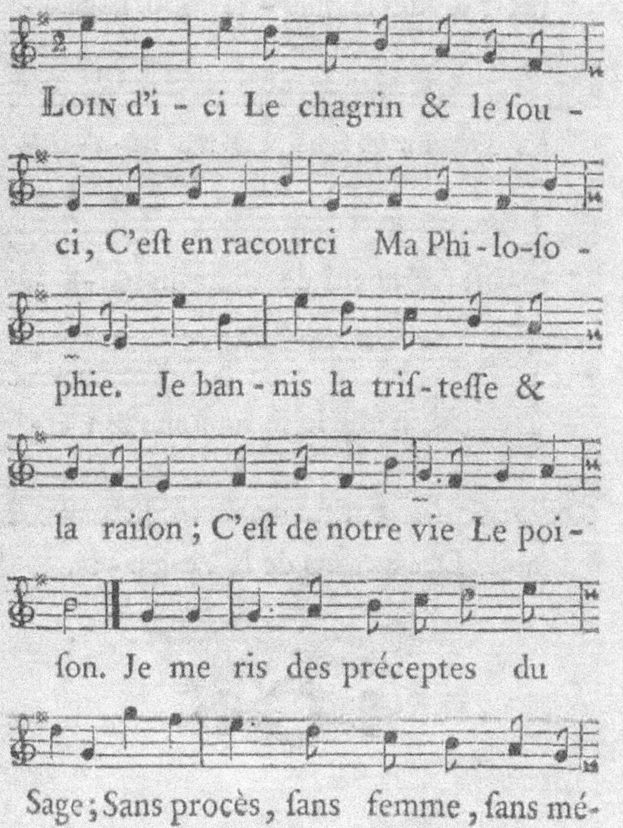

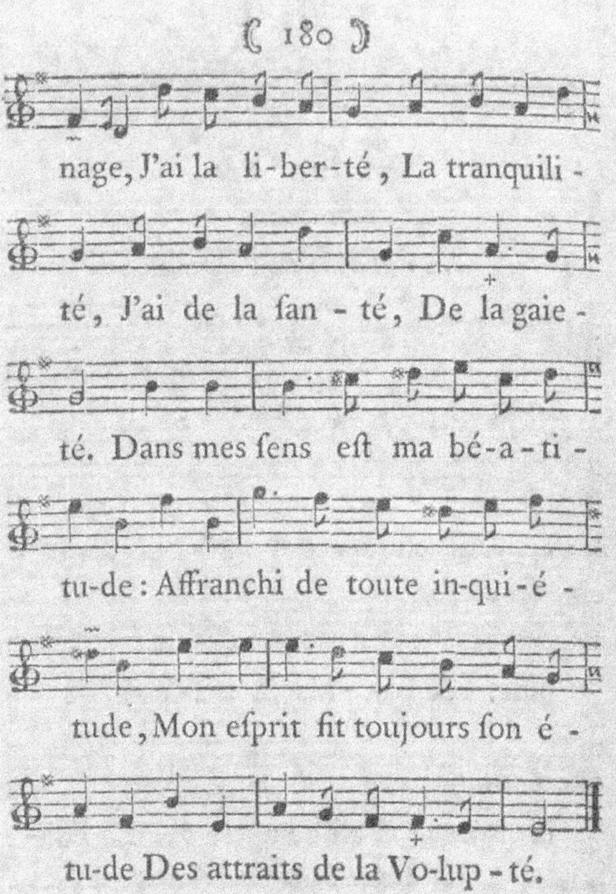
nage, J'ai la li-ber-té , La tranquili -
té , J'ai de la fan - té , De la gaie -
té. Dans mes fens est ma bé-a-ti -
tu-de : Affranchi de toute in-qui-é -
tude , Mon efprit fit toujours son é -
tu-de Des attraits de la Vo-lup - té.

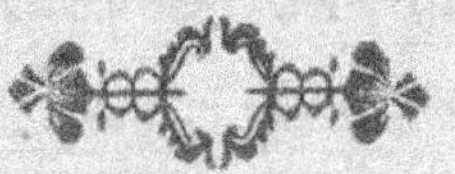

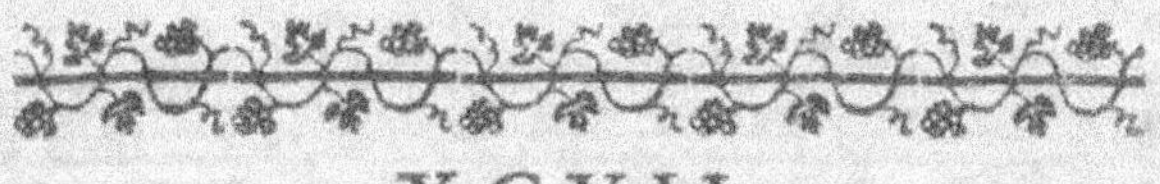

XCVII.

Du méme.

Air : l'Ouverture de *Thétis & Pellée.*

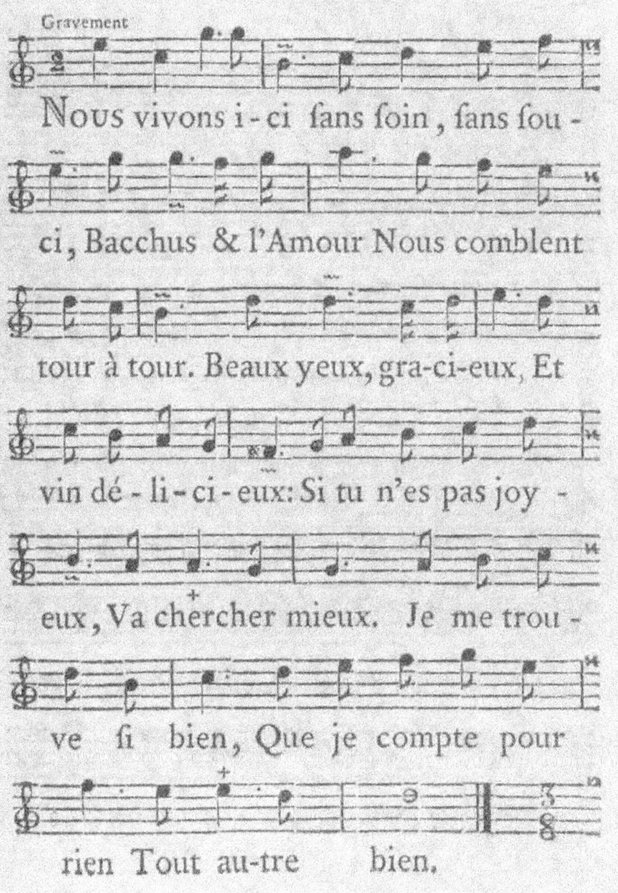

Vivement
Peu touché des Lauriers Qu'à nos Guer -
riers Donne Bel-lo-ne, Je n'irai point,
par un il-lustre ef - fort, Faire in -
sulte au sort, Et courir à la mort.
C'est aux Condés, Ces Héros dé - ci -
dés, A suivre Mars, Et marcher aux ha -
zards, Sur les pas des Césars. Plein de res-
pect pour eux, Je fais des vœux Que

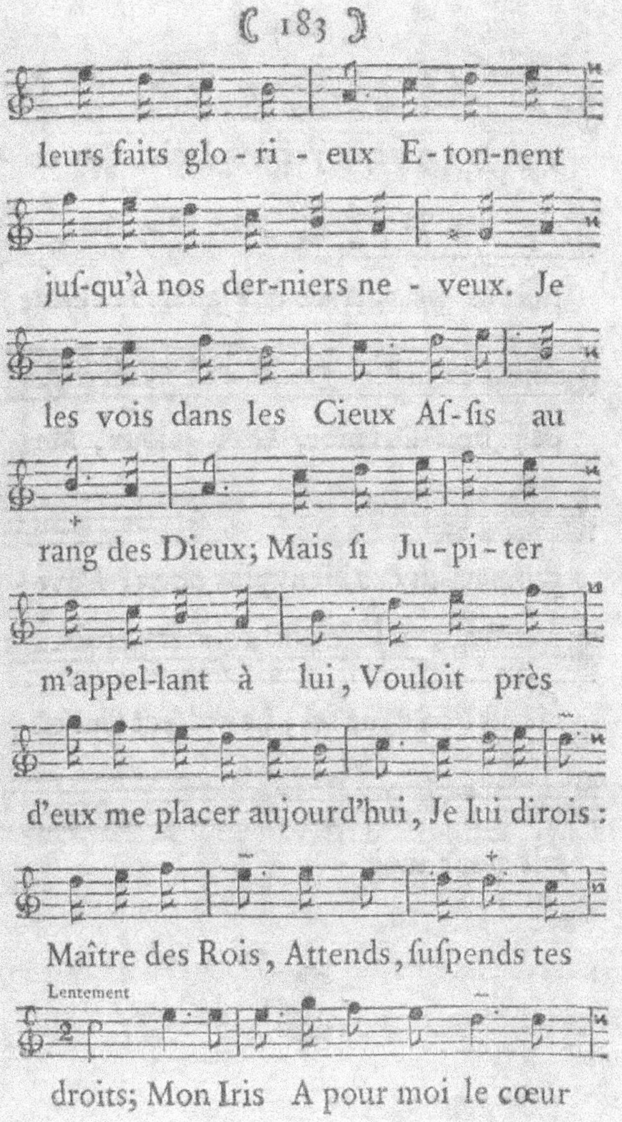
leurs faits glo - ri - eux E - ton-nent
juf-qu'à nos der-niers ne - veux. Je
les vois dans les Cieux Af-fis au
rang des Dieux; Mais fi Ju - pi - ter
m'appel-lant à lui, Vouloit près
d'eux me placer aujourd'hui, Je lui dirois :
Maître des Rois, Attends, fufpends tes
Lentement
droits; Mon Iris A pour moi le cœur

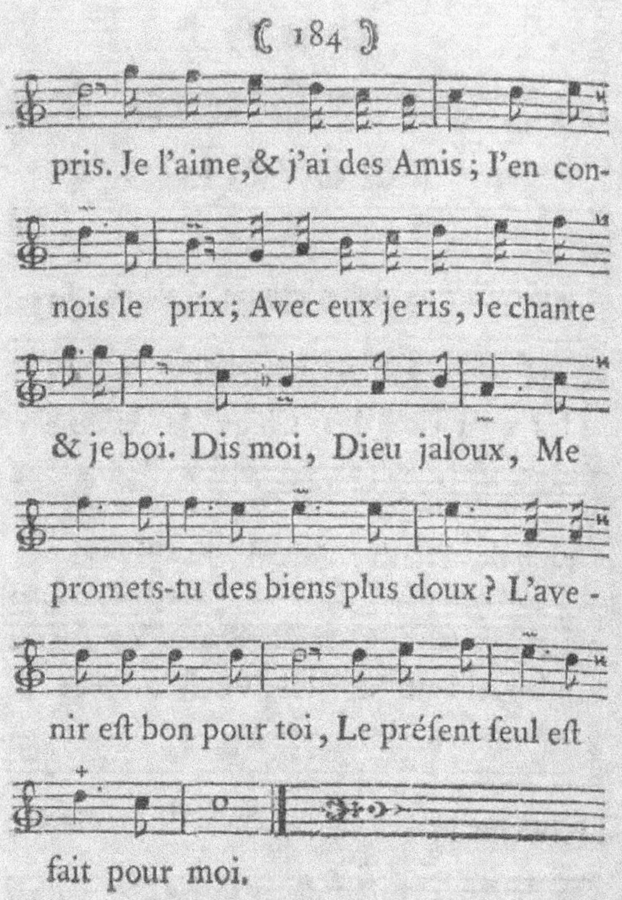

pris. Je l'aime, & j'ai des Amis ; J'en con-

nois le prix ; Avec eux je ris, Je chante

& je boi. Dis moi, Dieu jaloux, Me

promets-tu des biens plus doux ? L'ave -

nir est bon pour toi, Le présent seul est

fait pour moi.

XCVIII.

Du même.

Air : *Nous autres bons Villageois*, noté pag. 173.

JE n'ai pour toute maison
Qu'une pauvre & simple Chaumiere ;
Que dans le pays Gascon
On nommeroit Gentilhommiere ;
Là, loin du bruit & du fracas,
Sans chagrin & sans embarras,
Dans une heureuse obscurité,
Je joüis de la liberté.

J'AI dans le même canton
Une Vigne pour héritage ;
Je prends soin de la façon ;
Les Dieux bénissent mon ouvrage.
De ce bien j'use de mon mieux,
Je ne garde point de vin vieux ;
La fin de mon dernier tonneau
M'annonce toujours le nouveau.

Que la Fortune à son gré
En impose à ceux qu'elle joue,
Assis au dernier degré
Je vois de loin tourner sa roue.
La Déesse, d'un vain éclat,
Souvent revêtit un pied-plat :
Je ris de toutes ses erreurs,
Et je renonce à ses faveurs.

Trop penser est un abus,
Qui veut prévoir est misérable,
Le passé ne revient plus,
L'avenir est impénétrable.
Le present seul est le vrai bien
Songeons à l'employer si bien,
Que du plaisir qui va passant
Un autre renaisse à l'instant.

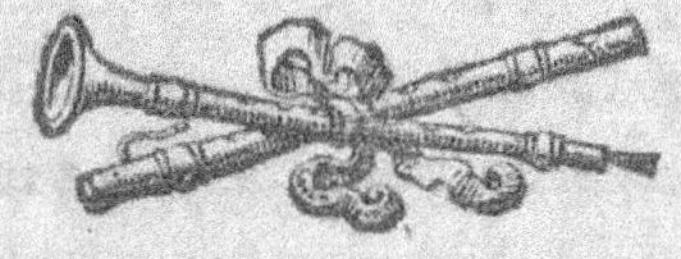

XCIX.

DE RIBOUTET. (1)

---

(1) Charles-Henri Riboutet, de Commercy en Lorraine, mort en 1740. a composé quelques jolis Vaudevilles
& plusieurs Parodies assez bien faites. Celle qui commence :

Quelle sombre humeur, Ma Sœur, &c.

est son chef-d'œuvre en ce genre, & suffiroit pour le faire
regarder comme un de nos bons Parodistes.

Pour vous d'amour mon cœur pé-til-le ;
Hé - las ! je ne pen - se qu'à vous :
Et si je manque au rendez-vous ,
Vous sçavez que , quand on est fille ,
On fait ce qu'on peut ,
Et non pas ce qu'on veut.

PENETRÉ d'un aveu si tendre,
Damon de joye est transporté.
Sur eux l'Amour alloit répandre
Les charmes de la Volupté ;
Quand, par une malice extrême,
Ce Dieu voulant tromper leurs vœux,
De Damon suspendit les feux,
Et lui fit voir que, quoi qu'on aime,
   On fait ce qu'on peut,
   Et non pas ce qu'on veut.

MAIS bientôt l'Amour le ranime,
Tout est force en lui, tout renaît ;
Trois fois il répare le crime
Que son trop d'ardeur avoit fait.
Redouble, cher Amant, dit-elle,
Redouble, reste entre mes bras.
J'y sens, repond-il, mille appas :
Mais vous seriez cent fois plus belle,
   Qu'on fait ce qu'on peut,
   Et non pas ce qu'on veut.

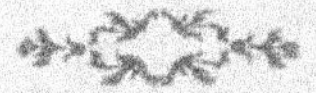

HÉLAS ! je vois bien , dit Aminte ,
L'air attristé , les yeux baissés ,
Que votre amour n'étoit que feinte :
Votre tiédeur le prouve assez.
De Damon , surpris de l'entendre ,
Ce reproche attise le feu.
Elle en tire encore un aveu ;
Mais cet aveu lui fit comprendre ,
    Qu'on fait ce qu'on peut ,
    Et non pas ce qu'on veut.

C.

Du Duc de la Tremouille. (1)

---

(1) Charles-Armand-René de la Tremouille, Duc & Pair de France, Premier Gentilhomme de la Chambre du Roi, mort en 1741. Selon M. Titon, il étoit auteur des paroles & de la musique d'un Opera intitulé, *Les quatre Parties du Monde*, qu'il fit exécuter dans la grande Salle du Temple à Paris, en 1740.

J'ignore si son cœur est ten-dre :
Heu-reux qui pourroit l'enflam-mer !
Mais, qui ne voudroit pas l'ai-mer,
Ne doit ni la voir, ni l'en-ten-dre.

CI.

DE ROUSSEAU. (1)

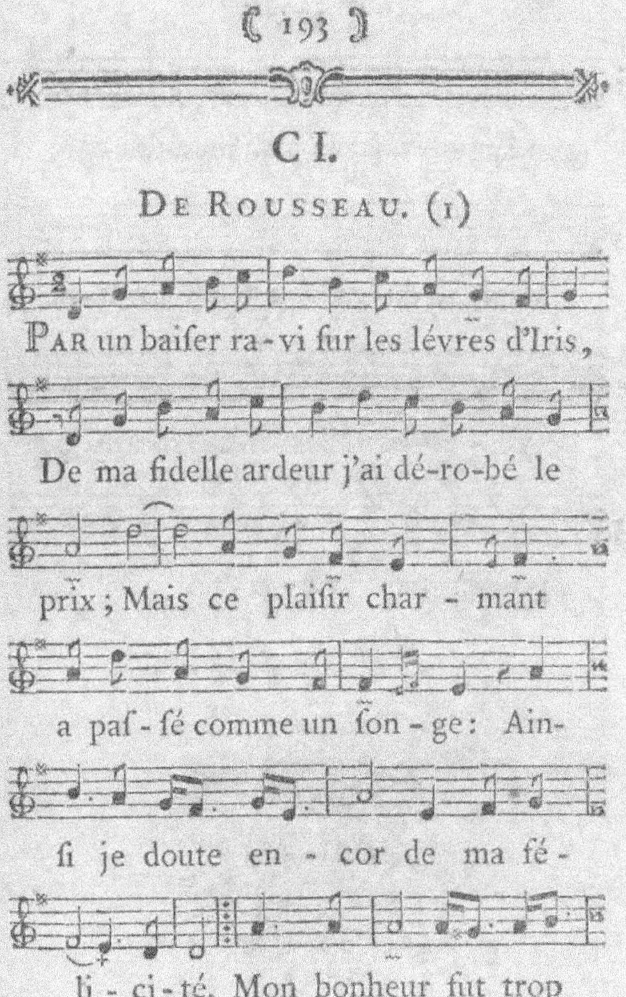

____

(1) Jean-Baptiste Rousseau, de Paris, mort en 1741.
Le nommer, c'est assez le faire connoître.

Tome I.   **N**

grand, pour n'être qu'un men-ſon-ge;
Mais il du-ra trop peu pour u-ne
vé-ri-té: Mais il du-ra trop peu
pour u-ne vé-ri-té.

CII.

Du même.

Air : *De tous les Capucins du monde*, noté pag. 43.

VOTRE beauté, grande Princesse,
Porte les traits dont elle blesse
Jusques aux plus sauvages lieux.
L'Afrique avec vous capitule,
Et les conquêtes de vos yeux
Vont plus loin que celles d'Hercule. (1)

---

(1) Ce Couplet s'adressoit à la Princesse de Conti,
fille de Madame de la Valliere. Il fut fait à l'occasion d'un
bruit qui s'étoit répandu que le Roi de Maroc étoit devenu amoureux d'elle, sur son portrait.

CIII.

Du même.

Même Air.

JE veux une femme accomplie
Qui, pour plaire, se multiplie
Avec tant d'art & d'agrément,
Qu'on puisse éprouver, quand on l'aime,
Tous les plaisirs du changement,
Jusque dans la constance même.

CIV.

Du Marquis de S. Aulaire. (1)

Air : *Jardinier ne vois-tu pas.*

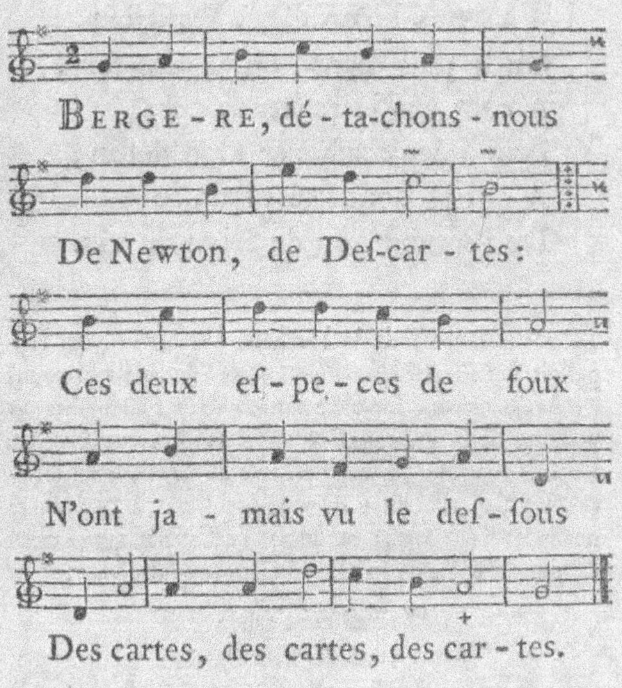

(1) François-Joseph de Beaupoil, Marquis de Saint
Aulaire, du Limosin, mort en 1742. Il vêcut plus de

CV.

Du même. (1)

Air : *Du Prévôt des Marchands*, noté pag. 41.

TANDIS qu'on élit à Francfort
Ou le plus digne, ou le plus fort,
A cent ans je prétends élire,
Pour mieux achever mon destin,
A qui je donnerai l'Empire
De l'Amour, ou du Dieu du vin.

---

40 ans à la cour de la Duchesse Du Maine, qui l'appelloit son *Berger*. Une dispute entre Fontenelle & un autre Académicien, survenue sur ces deux Philosophes, en présence de la Princesse, fit naître cet heureux Couplet. Un soir que cette Princesse proposa un petit jeu de société, où l'on est obligé de dire son sécret à la Personne nommée, pour être la confidente du Cercle, quand ce fut le tour du Marquis, il lui adressa ces quatre vers :

LA Divinité qui s'amuse
A me demander mon sécret,
Si j'étois Apollon, ne seroit pas ma Muse :
Elle seroit Thétis, & le jour finiroit.

(1) Au sujet de l'Election de l'Empereur Charles VII. en 1740.

CVI.

Du même

Air : *Margot sur la brune.*

(1) Il avoit alors près de 90 ans.

CVII.

---

(1) Jean-Baptiste-Louis Thimoléon, Marquis de Rochemore, de Sologne, mort en 1743. Cette Chanson fut faite pour Mlle. Journet, célébre Actrice de l'Opera, morte en 1722, pour laquelle il étoit si passionné, qu'il porta jusqu'au tombeau le sentiment de sa perte.

* * *

» Les vers que nous allons ajouter, & qu'il fit dans
» les premiers momens de son désespoir, expriment avec
» autant de force que de naturel, tout ce qu'une ame ten-
» dre & une imagination vive font ressentir. Il reste de
» lui plusieurs Piéces fugitives pleines de poésie & de
» gaité.

  Aux autels du Tyran des morts,
D'une tremblante main je consacre ma lyre;
  Je ne chantois que pour Thémire,
  Thémire a vû les sombres bords.
  Tendres concerts, charmant délire;
  Faites place à d'autres transports.
  Une douleur muette & sombre,
  Des larmes qui partent du cœur;
Ne chercher, ne sentir, ne voir que mon malheur:
Voilà le seul tribut que je dois à son ombre.
  Soyez les garants de ma foi,
 Lieux redoutés où repose la cendre:
Il n'est plus aujourd'hui d'autre plaisir pour moi,
Que les pleurs qu'en sécret je viens ici répandre.

Je lui peins mon cœur fidele
Si tendre & digne du sien ;
Je vous aime aussi, dit-elle,
Et c'est ne promettre rien.
Elle est sensible & cruelle,
Rien ne tourmente si bien.

Que par magie on reprenne
Un cœur qu'elle fait gémir,
Tout un siécle on le promene,
Sans rencontrer le plaisir :
On retourne à l'inhumaine,
La voir, l'aimer & souffrir.

C'est grand abus de prétendre
Fuir qui sçait trop nous charmer ;
Le cœur ne sçait où se prendre,
Langueur le vient consumer :
Mieux vaut mourir d'amour tendre,
Que de l'ennui de n'aimer.

CVIII.

DE L'ABBÉ DE GRÉCOURT. (1)

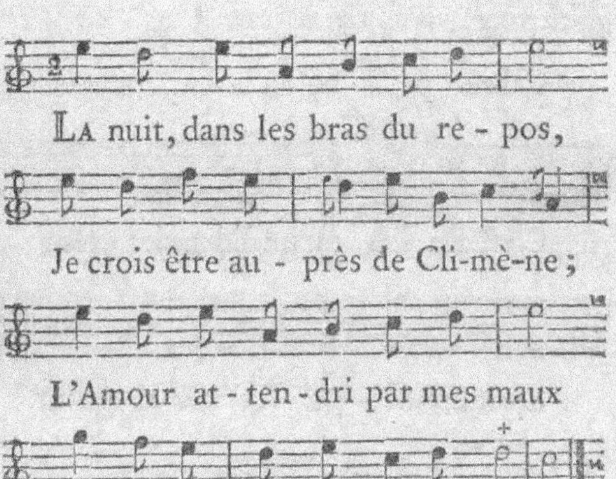

---

(1) Jean-Baptiste-Joseph Willart de Grécourt, origi-
naire de Tours, & Chanoine de S. Martin, auteur du
Poëme de *Philotanus*. On a de lui des Fables d'un genre
singulier, des Contes, des Epîtres en vers, des Epigrammes & quelques jolies Chansons. Il a le tour assez naïf
& l'expression ingénieuse ; mais quelquefois il ne sçait
point s'arrêter. Son Horoscope de *Perrette*, ou la Chanson de la petite fille, qu'il conduit du Berceau jusqu'à
un âge avancé, a 57 couplets. Mort en 1743.

MILLE baifers délicieux
Cueillis fur fes lévres charmantes,
Dans ces inftans faits pour les Dieux,
Confondent nos ames errantes.
C'est ainfi qu'un Dieu flatteur
Rend mes chaînes moins péfantes :
C'est ainfi, &c.

TANDIS qu'avec empreſſement
Ma bouche à la ſienne ſe colle,
Nous entremêlons tendrement
Les organes de la parole.
C'eſt ainſi qu'un Dieu flatteur
De mes peines me conſole:
C'eſt ainſi, &c.

D'AUTRES appas enſevelis
A parcourir je me diſpoſe,
Et déja ſur deux tas de lys
J'apperçois deux boutons de roſe.
C'eſt ainſi qu'un Dieu flatteur
Trompe un Amant qui repoſe:
C'eſt ainſi, &c.

JE me ſaiſis de ſes deux bras,
Je touche à mon bonheur ſuprême,
Et l'air dont elle ne veut pas
Eſt plus touchant que le don même.
C'eſt ainſi qu'un Dieu flatteur
Pouſſe l'erreur à l'extrême:
C'eſt ainſi, &c.

ENFIN vint un raviſſement. . .
J'ignore la fin de l'hiſtoire.
Un ſurcroît d'aſſoupiſſement
M'en a fait perdre la mémoire.
C'eſt ainſi qu'un Dieu flatteur
M'ennyvre d'une fauſſe gloire :
C'eſt ainſi qu'un Dieu flatteur
Sçait me déguiſer ſa rigueur.

CIX.

Du même.

Air : *Fille qui voyage en France.*

CX.

Du même.

Même Air.

Dans un amoureux mistère,
Un Fiacre est d'un grand secours.
Du voyage de Cythère
Il précipite le cours :
Chaque secousse
Fait avancer les Amours,
Sans qu'on les pousse.

Près d'un Bal, un Fiacre habile
S'alla placer à propos.
L'Amour trouvant cet asyle
Propre à cacher ses travaux,
Ouvrit sa bourse,
Et lui paya son repos
Plus que sa course.

CXI.

Du même.

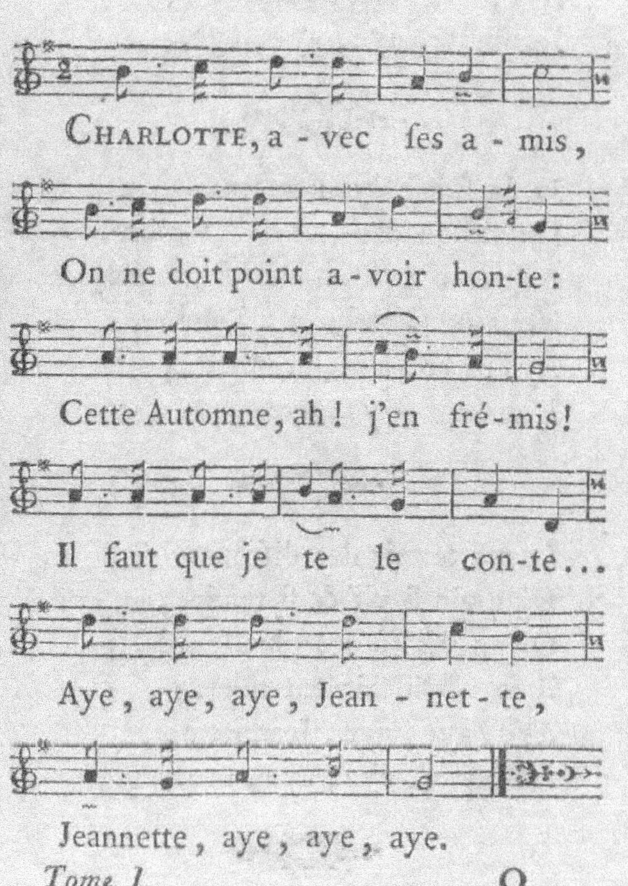

Tome I.   O

CETTE Automne un beau Berger
Me dit : Jeanneton, ma mie,
Tu peux venir sans danger,
Avec moi dans la prairie.
Aye, aye, aye, Jeannette,
Jeannette, aye, aye, aye.

JE le suivis bonnement
Du vallon dans un bois sombre.
Auprès d'un Ruisseau charmant,
Nous nous assîmes à l'ombre.
Aye, aye, aye, Jeannette,
Jeannette, aye, aye, aye.

IL me tenoit des discours
D'un air si vif & si tendre,
Qu'en vérité des plus sourds,
Il se seroit fait entendre.
Aye, aye, aye, Jeannette,
Jeannette, aye, aye, aye.

ENVAIN aurois-je tâché
De m'enfuir, chere Charlotte,
Le drôle avoit attaché
Son Juft'aucorps à ma cotte.
Aye, aye, aye, Jeannette,
Jeannette, aye, aye, aye.

J'EUS beau tenir fes deux mains,
Je crois que le bon Apôtre,
Pour parvenir à fes fins,
En avoit encore une autre.
Aye, aye, aye, Jeannette,
Jeannette, aye, aye, aye.

JE ne fus pas deux inftans
Sans raifon & fans courage ;
Et quand j'eus repris mes fens,
Je le trouvai bien plus fage.
Aye, aye, aye, Jeannette,
Jeannette, aye, aye, aye.

PARDON il me demanda,
Ainsi finit la querelle;
Mais je puis me vanter, dà,
De l'avoir échappé belle.
Aye, aye, aye, Jeannette,
Jeannette, aye, aye, aye.

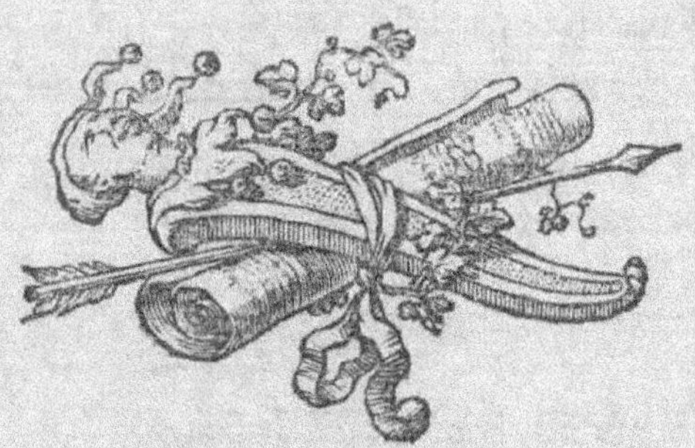

CXII.

DE LE BRUN. (1)

---

(1) Antoine-Louis le Brun, Parisien, mort en 1743, Poëte facile qui étoit estimé de Boileau. On a de lui des Tragédies, des Odes, des Fables, beaucoup d'Epigrammes, & une Traduction en vers françois de celles d'Owen.

Veut-il en - cor par son Tonnerre
Foudroy - er de nouveaux Titans?
Gronde, gron - - - - - - - - - -
- - - de tonnerre af - freux, Et ra -
va - - - - - - - - - - - ge le
monde Par tes re-dou-tables fureurs.
Fais tout trembler - - - d'effroi.

Fais tout trembler - - - - - - - d'effroi, sur la terre & sur l'on - - - - - -
de ;
Fais tout trembler - - - - - - d'effroi
sur la terre & sur l'on - - - - - -
de ;
Mais res-pec-te du moins la

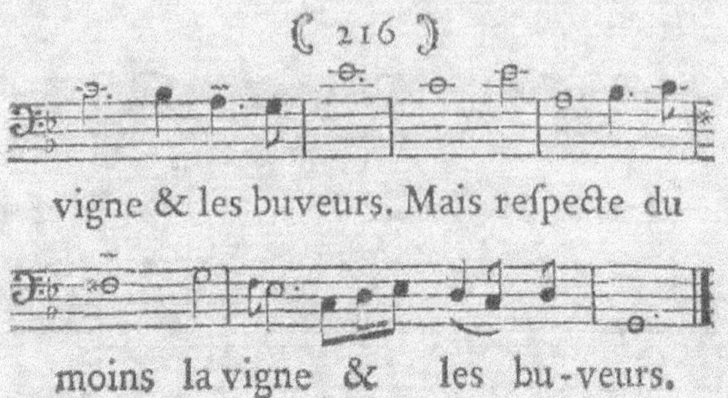
vigne & les buveurs. Mais respecte du

moins la vigne &   les bu-veurs.

CXIII.

D'Autreau. (1)

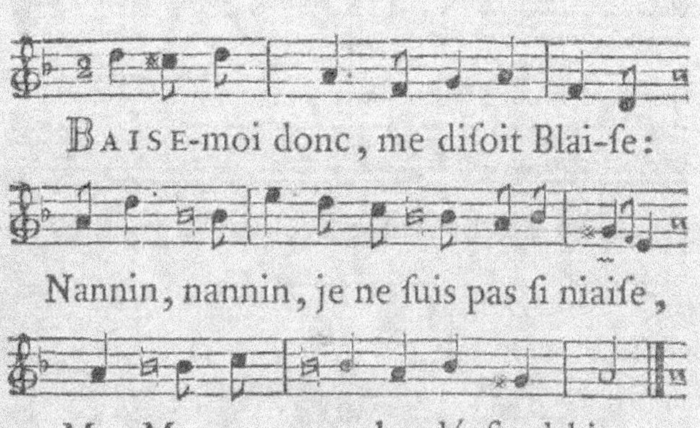

---

(1) Jacques-Autreau, Parisien, Peintre par nécessité
& Poëte par choix, mort en 1745. Son caractère est assez
celui de la naïveté.

» Autreau, dit un bon Connoisseur, avoit plus de gé-
» nie que d'esprit, & presque point de goût. Il y
» avoit toujours d'excellentes choses dans ses composi-
» tions, mais il falloit l'en avertir pour l'empêcher de
» préférer ce qui étoit inférieur ou mauvais. C'est par de
» tels secours que *la Magie de l'Amour*, de défectueuse
» qu'elle étoit à plusieurs égards, est devenue une des
» plus aimables Piéces de ce genre Autreau doit ce
» succès aux conseils d'une illustre Actrice (Mlle. Qui-
» nault), actuellement aussi accueillie & recherchée dans
» le monde, qu'elle a été applaudie au Théâtre.

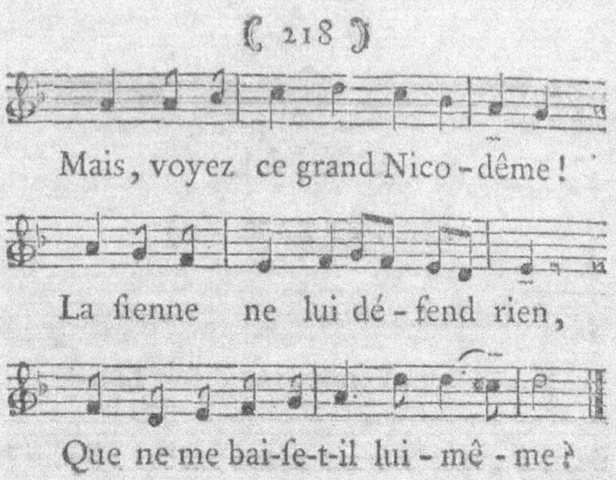

Mais, voyez ce grand Nico-dême !
La fienne ne lui dé-fend rien,
Que ne me bai-fe-t-il lui-mê-me ?

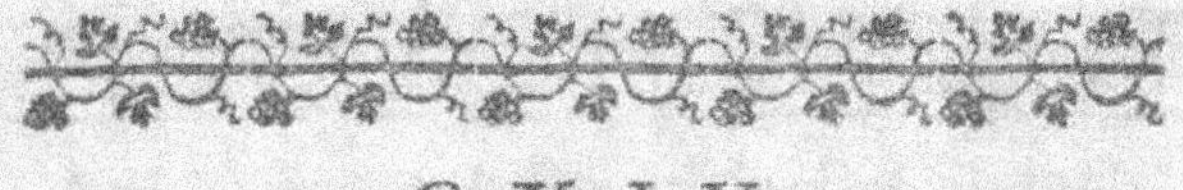

C X I V.

Du même.

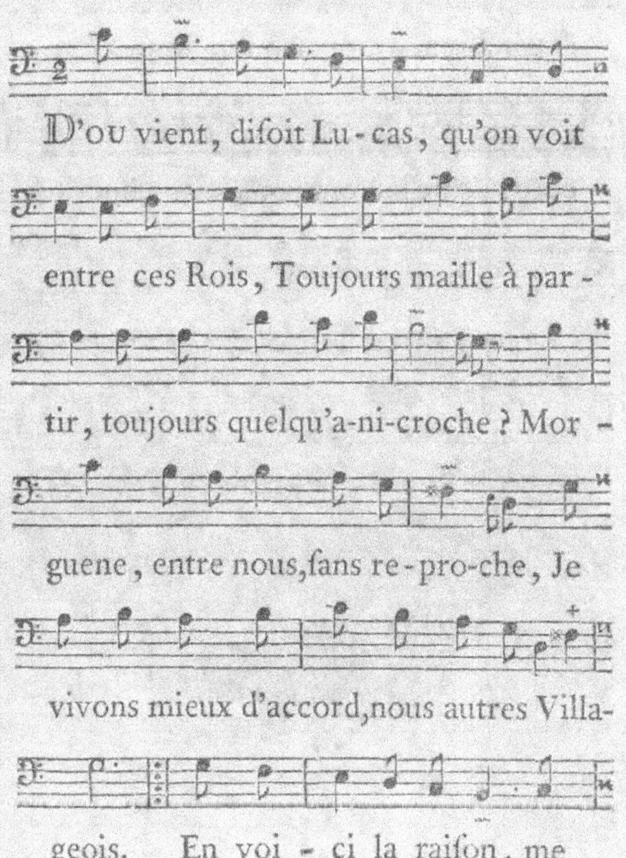

D'ou vient, difoit Lu-cas, qu'on voit
entre ces Rois, Toujours maille à par-
tir, toujours quelqu'a-ni-croche ? Mor-
guene, entre nous, fans re-pro-che, Je
vivons mieux d'accord, nous autres Villageois.   En voi-ci la raifon, me

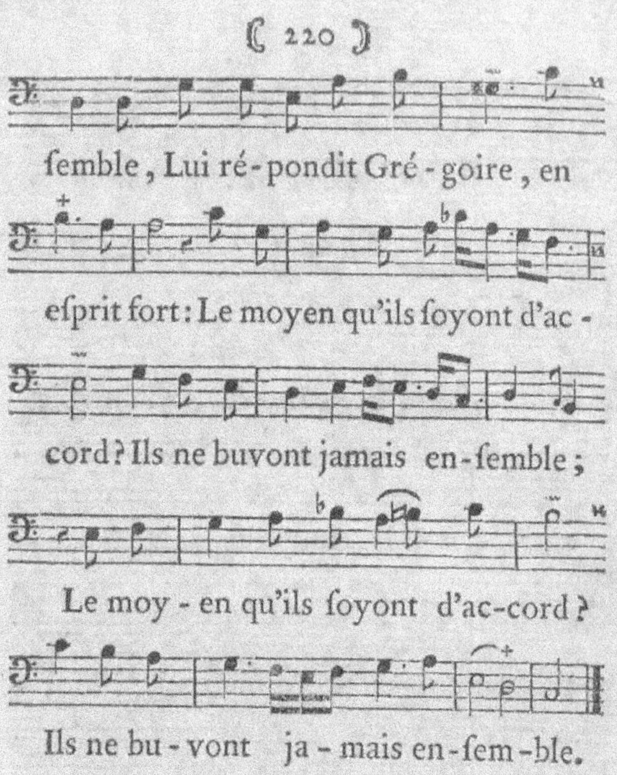
femble , Lui ré-pondit Gré - goire , en
esprit fort : Le moyen qu'ils soyont d'ac -
cord ? Ils ne buvont jamais en-femble ;
Le moy - en qu'ils soyont d'ac-cord ?
Ils ne bu - vont   ja - mais en-fem -ble.

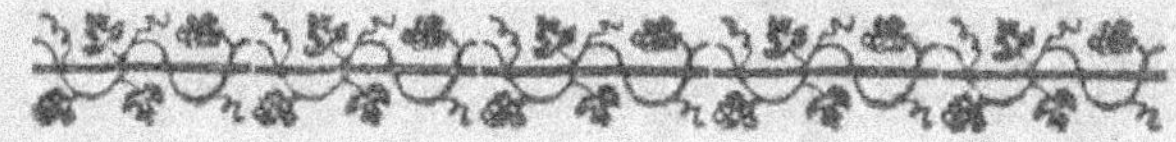

CXV.

Du même.

Air : *De la Mariée.*

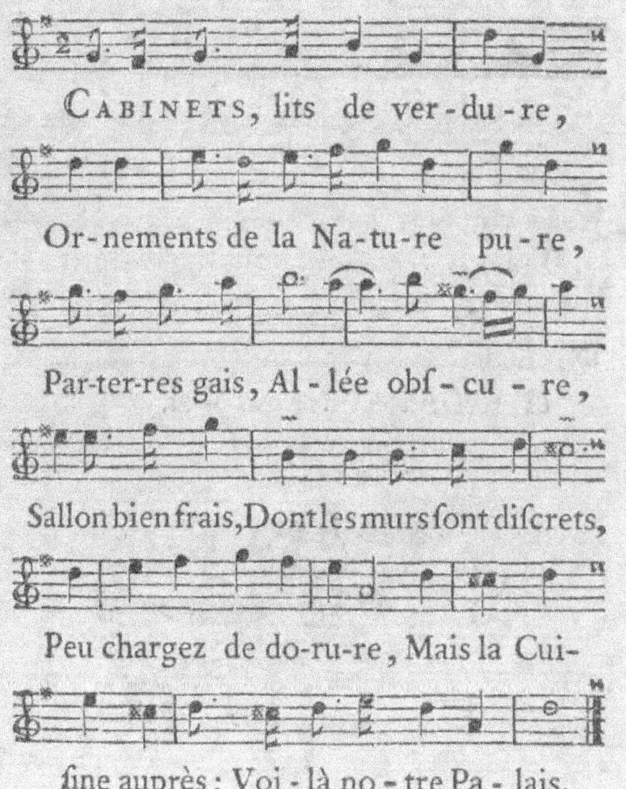

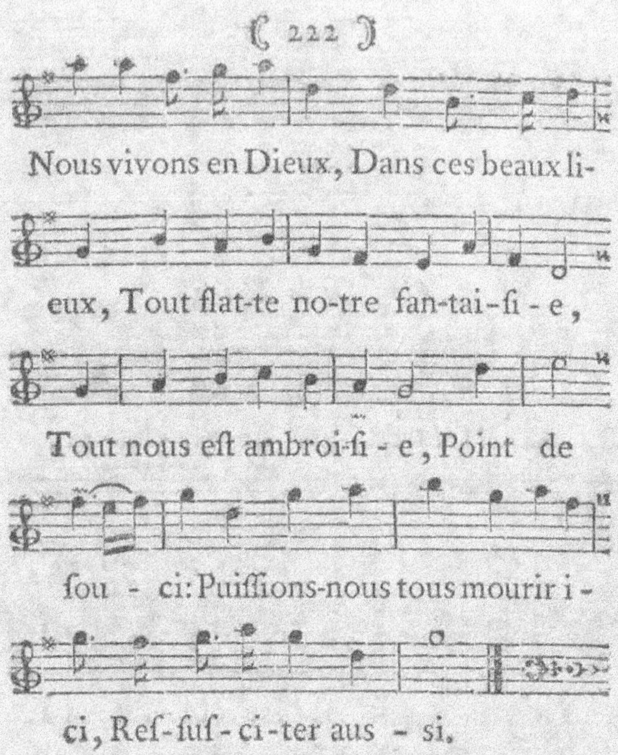

Nous vivons en Dieux, Dans ces beaux lieux, Tout flat-te no-tre fan-tai-fi - e,
Tout nous eft ambroi-fi - e , Point de
fou - ci: Puiffions-nous tous mourir i -
ci, Ref-fuf-ci-ter aus - si.

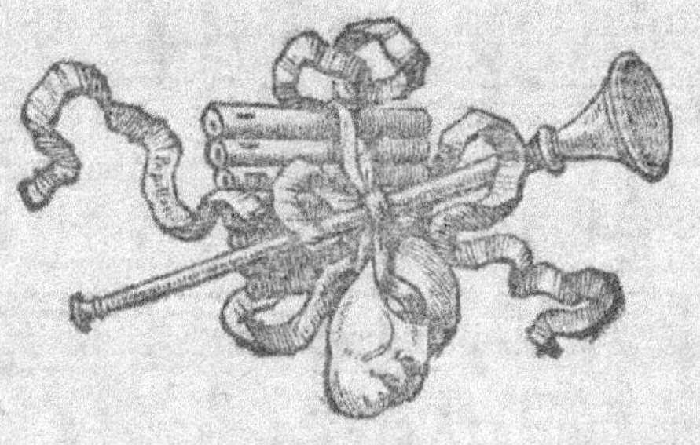

CXVI.

DE LE SAGE. (1)

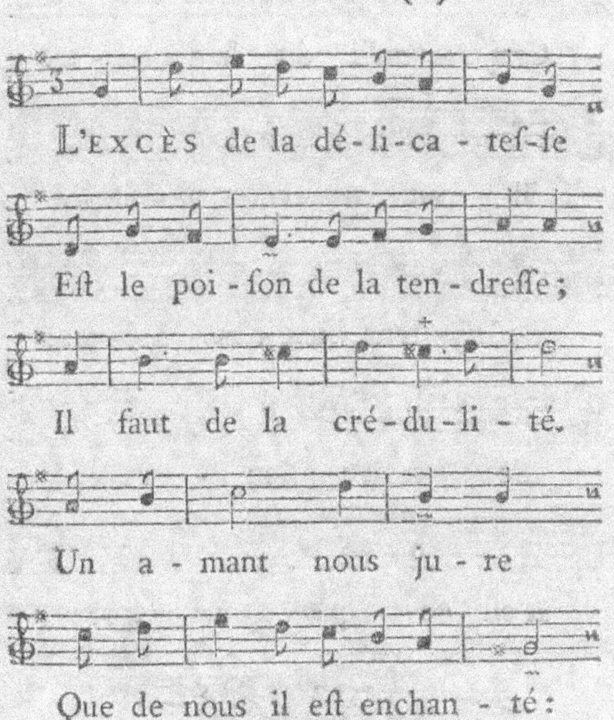

---

(1) Alain-René le Sage, de Brétagne, auteur du Roman de *Gilblas*, de *Turcaret*, Comédie reſtée au Théatre François, & l'un des principaux fondateurs de l'Opera-Comique, mort en 1747.

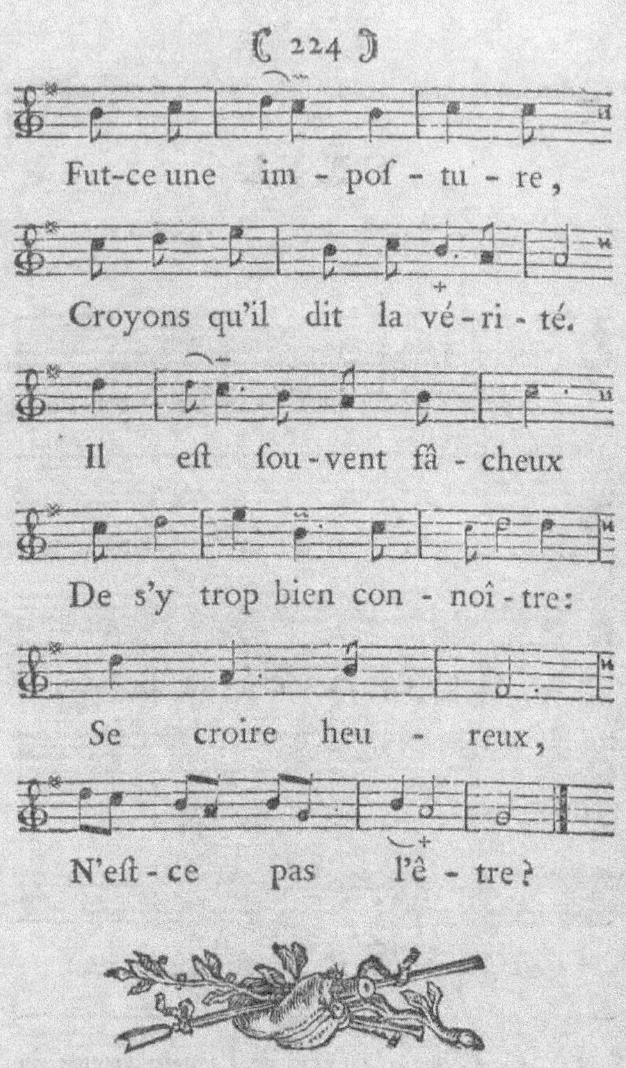

Fut-ce une im - pof - tu - re,
Croyons qu'il dit la vé - ri - té.
Il eft fou - vent fâ - cheux
De s'y trop bien con - noî - tre:
Se croire heu - reux,
N'eft - ce pas l'ê - tre?

CXVII.

DE LA MARRE. (1)

Air : *De Joconde*, noté pag. 87.

QUOI ! j'aurois pu vous amuſer,
    Adorable Princeſſe ?
Que ne puis-je me déguiſer,
    Pour vous parler ſans ceſſe !
Tout mon eſprit eſt dans vos yeux :
    Le déſir de vous plaire
A mis deux fois au rang des Dieux
    Un mortel ordinaire.

CETTE prompte nuit va finir
    Ma brillante aventure ;

---

(1) L'Abbé de la Marre, Breton, auteur de l'Opera de *Zaïde*, & de celui de *Titon & l'Aurore*, mort en 1747. Une lueur de bonne fortune, mais bornée à quelques moments d'entretien, qu'il eut au Bal de l'Opera, lui inſpira cette Chanſon.

De mon bonheur le souvenir
        Deviendra ma torture.
Je vous verrai, fille des Dieux,
        Au séjour du Tonnerre :
Vous allez rentrer dans les Cieux,
        Je reste sur la terre.

CXVIII.

DE DANCHET. (1)

Air : noté pag. 111.

Le plaisir de la vie
Consiste à trouver
Une tendre amie,
Qui sache approuver
Toute la folie,
Où l'ame ravie
Cherche à se livrer.
J'aime à voir ma Maîtresse,
Le verre à la main,
M'animer sans cesse
A boire du vin ;
Et pour tout dire enfin,
Je veux que sa tendresse
Ne refuse rien ;
Que plus je la presse,
Plus elle s'empresse
D'y mettre du sien.

____

(1) Antoine Danchet, de Riom en Auvergne , de
l'Académie des Sciences & de l'Académie Françoise ,

CXIX.

Du même.   Même Air.

D'UN repas délectable
Apprenez les loix :
D'une troupe aimable
Il faut faire choix.
Que tout soit sortable ;
Jamais neuf à table,
Toujours plus de trois.
Si le vin nous inspire,
Que des indiscrets
N'aillent point redire
Nos propos secrets.
Que Bacchus, que l'Amour,
Tous deux d'accord ensemble
Regnent tour à tour.
Enfin, qu'il ressemble
A ce que rassemble
Cet heureux séjour.

---

mort en 1748. Ce Poëte est, après Quinault & la Mothe, celui qui a le mieux réussi dans le genre Lyrique :
cependant nous n'avons guere que ses Operas de *Tan-
crède* & d'*Hésione* qui soyent restés au Théâtre.

CXX.

Du Chevalier d'Orléans, GRAND PRIEUR. (1)

Qui connoît bien le sort des Grands,

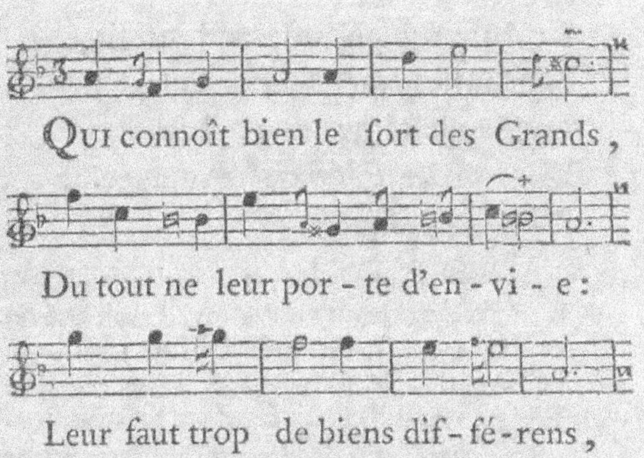

Du tout ne leur por - te d'en - vi - e :

Leur faut trop de biens dif - fé - rens,

Pour passer un jour de la vi - e.

---

(1) Jean-Philippe, dit le Chevalier d'Orléans, grand
Prieur de France, après le Chevalier de Vendôme, mort
en 1748. » LE grand Prieur, au milieu de cette variété de
» goûts qui l'entraînoient quelquefois tous ensemble, & qui
» contribuoient, avec ses distractions & les graces de son

J'HABITE un champêtre séjour,
Et j'ai pris ma Mie au Village ;
Je la vois comme au premier jour
Qu'Amour forma notre ménage.

LE faste a bien un grand attrait,
Mais attrait qu'emporte l'usage ;
La simplicité qui nous plaît,
Nous plaira toujours davantage.

» esprit, à le rendre fort aimable, avoit quelquefois le goût
» de la retraite. Dans un de ces momens, il avoit loué une
» petite Maison, sur les bords de la Marne ; son projet
» étoit d'y étudier l'histoire naturelle, & il avoit commencé
» par le régne animal. Il s'étoit formé une basse-cour rem-
» plie de Quadrupédes & d'Oiseaux domestiques, comme
» Chévres, Dindons &c, tous de la plus grande beauté.
» Il les nourrissoit de sa main, & cette basse-cour il l'ap-
» pelloit *sa Mie*. Voilà le sujet de cette Chanson qui est
» simple comme son objet, & assez jolie. »

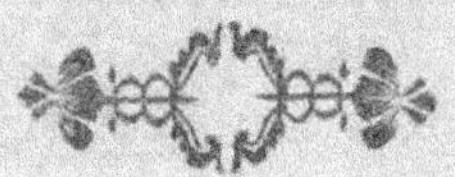

CXXI.

Du Vicomte de Chabot (1)

Dialogue.

(1) N. Vicomte de Chabot, mort en 1749, a fait plusieurs ouvrages de société, qui n'ont pas été imprimés. Nous n'avons pû recueillir que cette Parodie qu'il fit en 1748, sur l'Ariette *Col sul Praticello*, d'un Intermède Italien, apporté alors en France par les Bouffons.

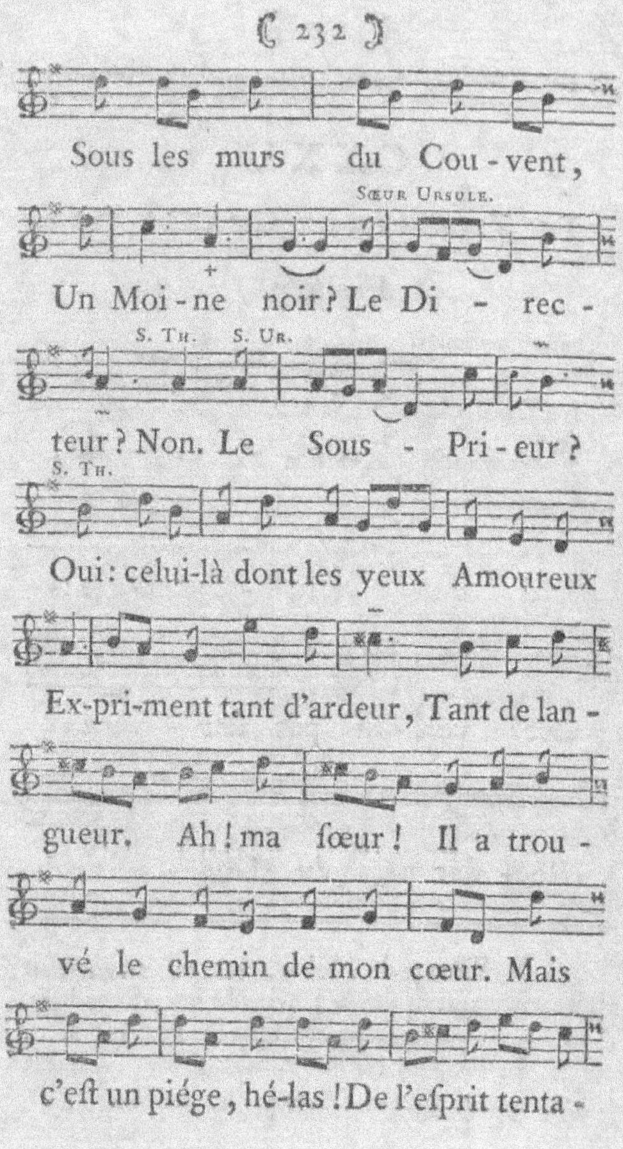
Sous les murs du Cou - vent,
SŒUR URSULE.
Un Moi - ne noir? Le Di - rec -
S. TH.   S. UR.
teur? Non. Le Sous - Pri - eur?
S. TH.
Oui: celui-là dont les yeux Amoureux
Ex-pri-ment tant d'ardeur, Tant de lan -
gueur, Ah! ma sœur! Il a trou -
vé le chemin de mon cœur. Mais
c'est un piége, hé-las! De l'esprit tenta -

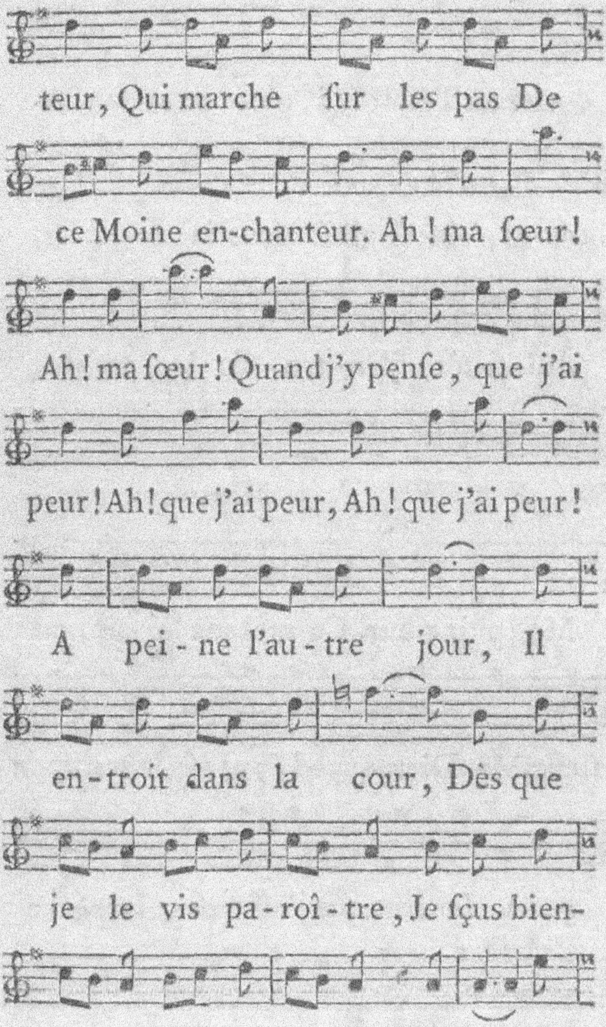

teur, Qui marche sur les pas De

ce Moine en-chanteur. Ah ! ma sœur !

Ah ! ma sœur ! Quand j'y penſe, que j'ai

peur ! Ah ! que j'ai peur, Ah ! que j'ai peur !

A pei - ne l'au - tre jour, Il

en-troit dans la cour, Dès que

je le vis pa-roî-tre, Je ſçus bien-

tôt le re-con-noî-tre. Je montai

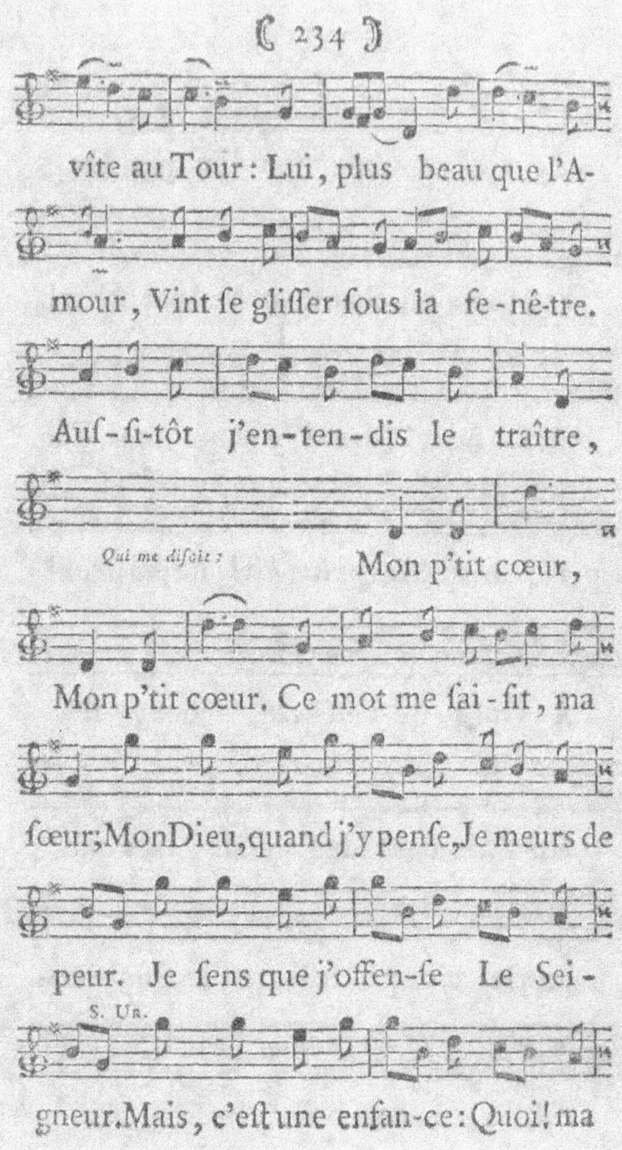

vîte au Tour : Lui, plus beau que l'A-
mour, Vint se glisser sous la fe-nê-tre.
Aus-si-tôt j'en-ten-dis le traître,
Qui me disoit : Mon p'tit cœur,
Mon p'tit cœur. Ce mot me sai-sit, ma
sœur; Mon Dieu, quand j'y pense, Je meurs de
peur. Je sens que j'offen-se Le Sei-
S. Ur.
gneur. Mais, c'est une enfan-ce : Quoi! ma

sœur, *Parce qu'il t'a dit :* Mon p'tit cœur,
Mon p'tit cœur ? N'ya pas d'mal à ça, ma
sœur, N'ya pas d'mal à ça ma sœur.
Ban - nis ton in-qui-é - tu - de :
Des Moi - nes c'est l'ha-bi - tu - de.
Pour s'em - pa-rer de nos cœurs,
Tou - jours nos Confef - feurs Nous
di - fent des dou - ceurs. Ah !

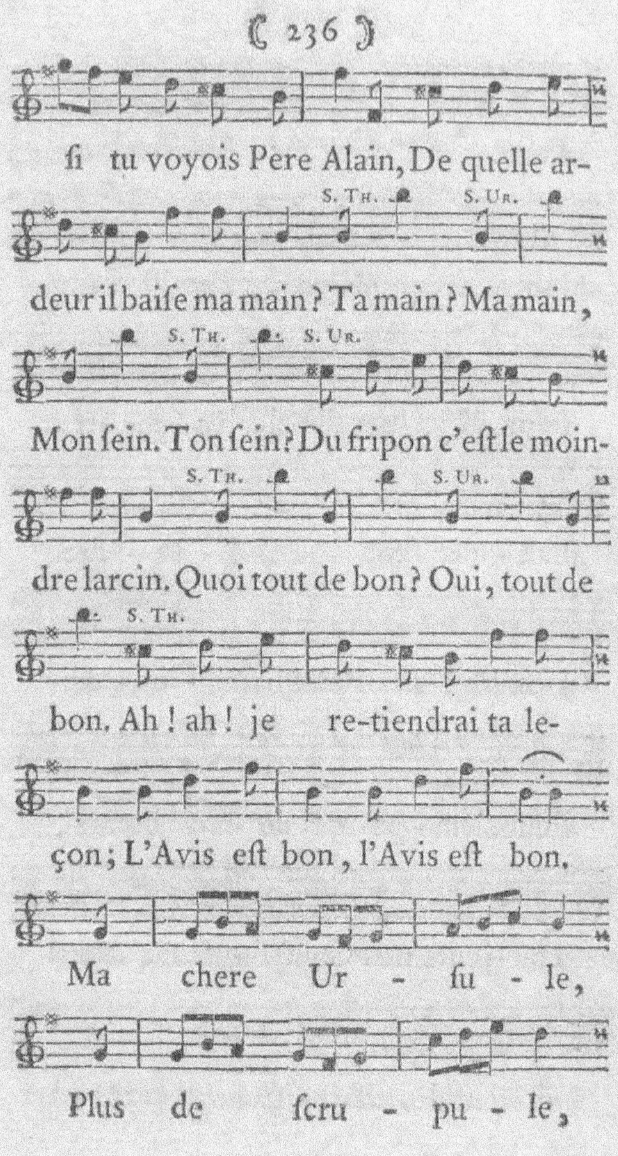

fi tu voyois Pere Alain, De quelle ar-

deur il baise ma main ? Ta main ? Ma main,

Mon sein. Ton sein ? Du fripon c'est le moin-

dre larcin. Quoi tout de bon ? Oui, tout de

bon. Ah ! ah ! je re-tiendrai ta le-

çon ; L'Avis est bon, l'Avis est bon.

Ma chere Ur - su - le,

Plus de fcru - pu - le,

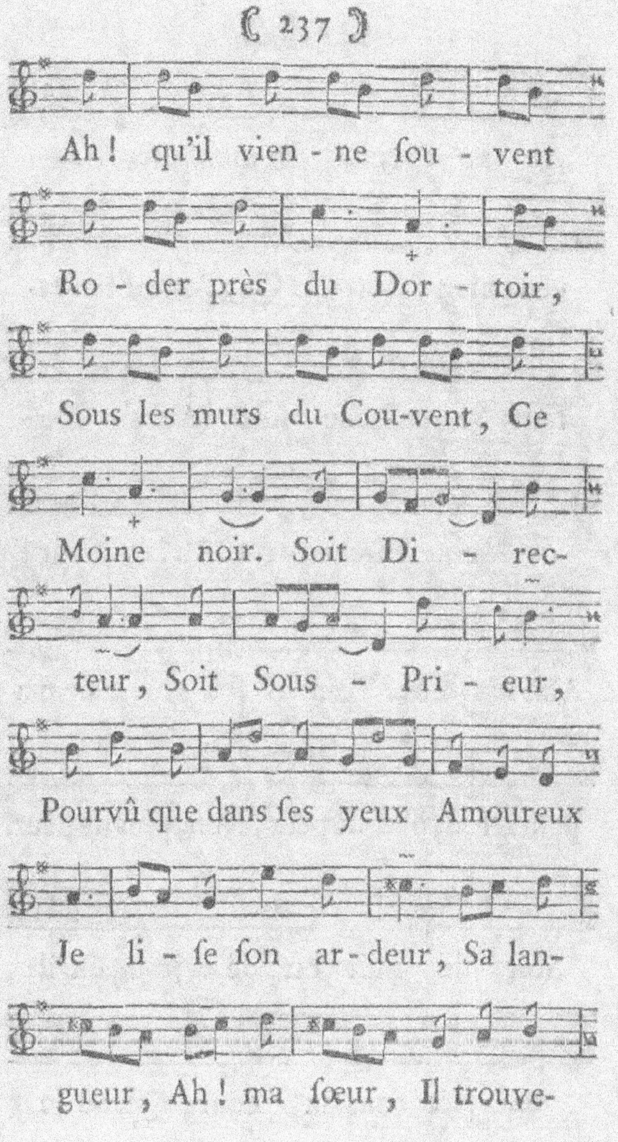

Ah ! qu'il vien - ne fou - vent
Ro - der près du Dor - toir,
Sous les murs du Cou-vent, Ce
Moine noir. Soit Di - rec-
teur, Soit Sous - Pri - eur,
Pourvû que dans fes yeux Amoureux
Je li - fe fon ar - deur, Sa lan-
gueur, Ah ! ma fœur, Il trouve-

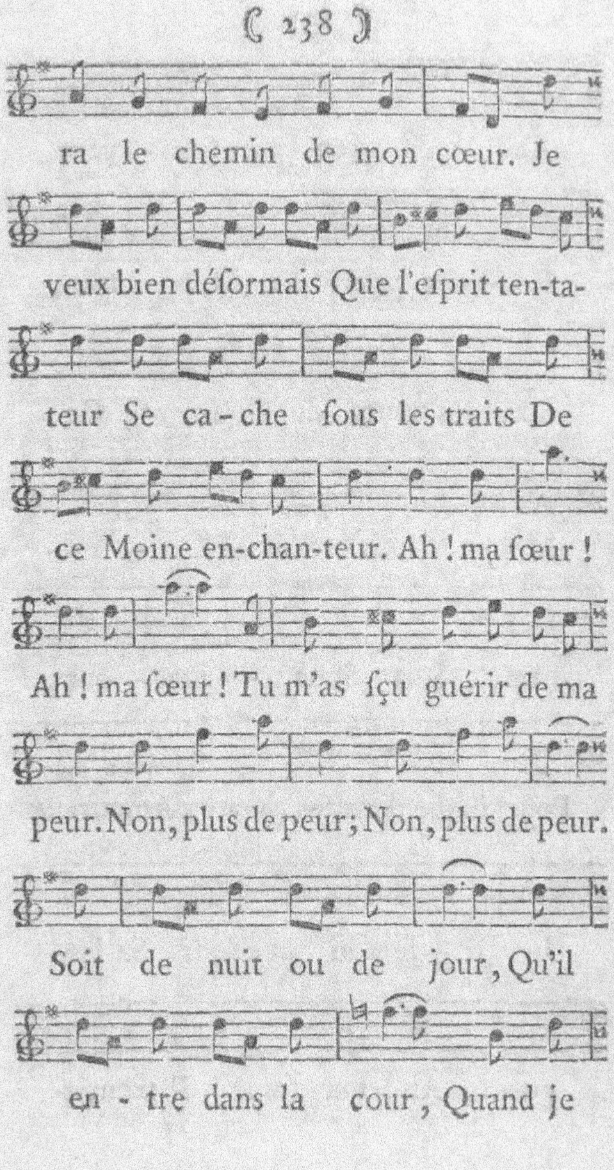

ra le chemin de mon cœur. Je
veux bien déſormais Que l'eſprit ten-ta-
teur Se ca-che ſous les traits De
ce Moine en-chan-teur. Ah ! ma ſœur !
Ah ! ma ſœur ! Tu m'as ſçu guérir de ma
peur. Non, plus de peur ; Non, plus de peur.
Soit de nuit ou de jour, Qu'il
en - tre dans la cour, Quand je

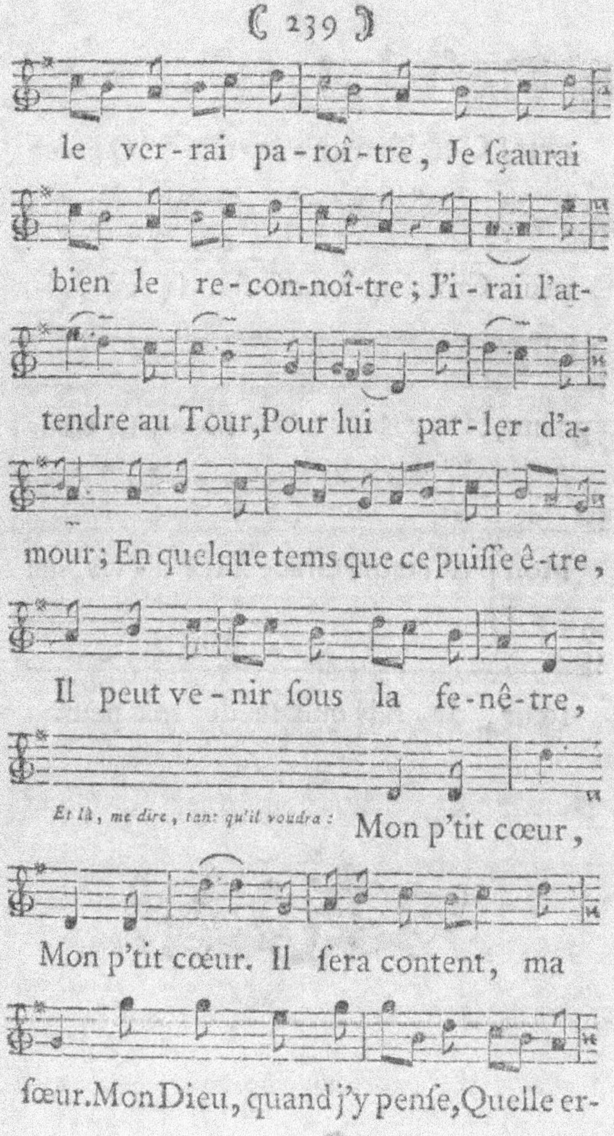
le ver-rai pa-roî-tre, Je sçaurai
bien le re-con-noî-tre; J'i-rai l'at-
tendre au Tour, Pour lui par-ler d'a-
mour; En quelque tems que ce puisse ê-tre,
Il peut ve-nir sous la fe-nê-tre,
Et là, me dire, tant qu'il voudra : Mon p'tit cœur,
Mon p'tit cœur. Il sera content, ma
sœur. Mon Dieu, quand j'y pense, Quelle er-

reur ! C'est bien une en-fan-ce, Que ma
peur. Croire qu'on of-fen-se Le Seigneur, Parce qu'on s'entend dire : Mon p'tit cœur,
Mon p'tit cœur? Grace à tes a - vis, ma

sœur, Je suis quit-te de ma peur.

CXXII.

De Fuselier. (1)

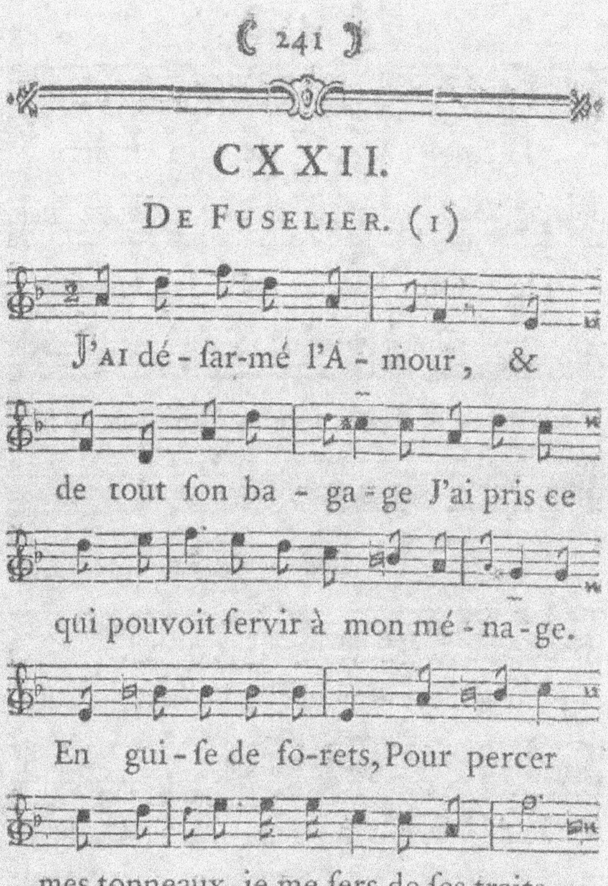

(1) Louis Fuselier, Parisien, mort en 1752. Il a travaillé pour tous les Théâtres, depuis ceux de la Foire jufqu'a l'Opera. Il a fait auffi plufieurs Poéfies fugitives, dont cet échantillon, par fon badinage, fa fingularité & fa correction, pourra donner une idée.

Tome I.   Q

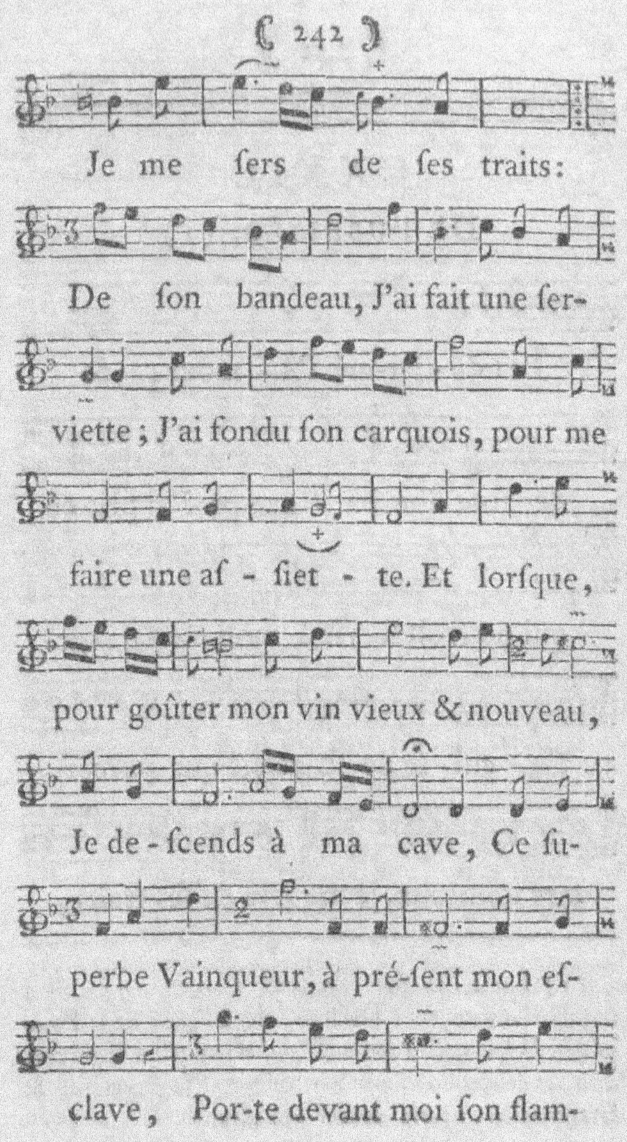
Je me fers de fes traits:
De fon bandeau, J'ai fait une fer-
viette ; J'ai fondu fon carquois, pour me
faire une af - fiet - te. Et lorfque,
pour goûter mon vin vieux & nouveau,
Je de -fcends à ma cave, Ce fu-
perbe Vainqueur, à pré-fent mon ef-
clave, Por-te devant moi fon flam-

CXXIII.

Du même.

Air : *Nous autres bons Villageois*, noté pag. 173.

DEMAIN est un jour qui fuit
Lorsque vous croyez qu'il s'avance;
Au milieu de chaque nuit
Il perd son nom dans sa naissance.
Lorsqu'on croit se saisir de lui,
On trouve que c'est aujourd'hui.
Jusqu'à ce jour aucun humain
N'a pu voir arriver demain.

---

(1) Ce Couplet a l'air philosophique , & n'est dans le fond qu'un sophisme ingénieux qui surprend d'abord. *Demain* est la simple indication du jour qui doit suivre immédiatement celui où je parle , mais n'est ni ce jour là , ni un autre.

CXXIV.

Du même. (1)

Air : *De Joconde*, noté pag. 87.

Vous n'arrivez pas à l'honneur
    Par des routes vulgaires ;
Vous voilà Sacrificateur,
    En fortant des Galeres :
Plus grand honneur vous feroit dû,
    Vous l'obtiendrez peut être ;
Quand vous aurez été pendu,
    L'on vous fera Grand-Prêtre.

---

(1) Ce couplet, tiré d'un Opera-Comique intitulé, *l'Antre de Laverne*, n'a point été imprimé. Il eft d'une extravagance que fon extrême gaïeté & le perfonnage qui le chantoit peuvent feuls faire paffer. Arlequin vient implorer le fecours de la Déeffe des Voleurs ; il reconnoît Scaramouche devenu fon grand Sacrificateur, pour avoir fait un vol de diftinction, qui l'avoit conduit aux Galeres. Voilà ce qui amene ce Couplet.

CXXV.

DE BAINVILLE. (1)

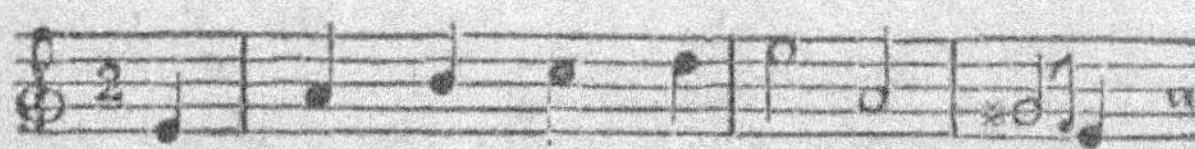

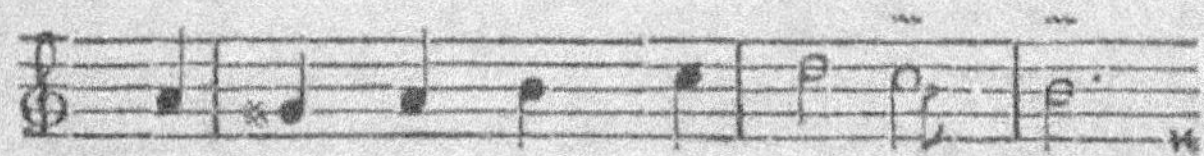

---

(1) Charles Bainville, né en Provence, Parent du célébre Defpréaux, étoit Peintre par état & Poëte par goût : il refte de lui plufieurs Piéces fugitives, & un Opera qui n'a pas été mis en Mufique. Mort vers 1754.

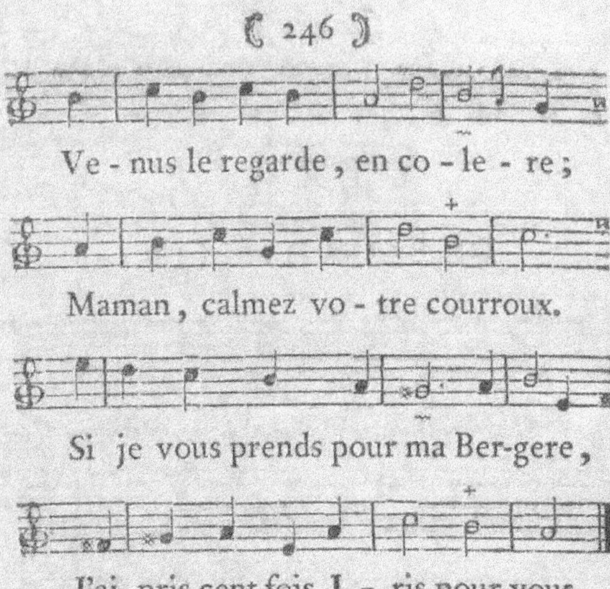

Ve - nus le regarde , en co - le - re ;
Maman , calmez vo - tre courroux.
Si je vous prends pour ma Ber-gere ,
J'ai pris cent fois 1 - ris pour vous.

CXXVI.

Du même.

FIER de ce coup, il s'approcha
Du couple qui se pâme ;
Mais ce spectacle le toucha,
Et par un trait de flâme,
Qu'avec roideur il décocha,
Ce Dieu leur rendit l'ame,

COLIN le premier se dressant,
Joyeux outre mesure,
Dit à Nanette, en l'embrassant,
Comment va ta blessure ?
Elle répond en rougissant,
Ta santé me rassure,

CXXVII.

DE LA BRUERE, (1)

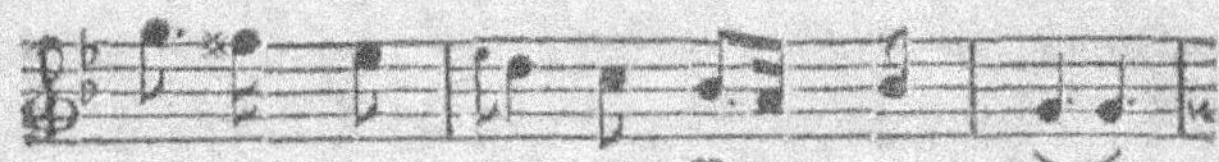

---

(1) Charles-Antoine le Clerc de la Bruere, de Cre-py-en-Vallois, auteur de l'Opera de *Dardanus*, mort à Rome en 1754. Cette Chanson est une Romance.

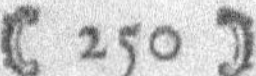

Loin de sa présence chérie
Je ne vis que par mon amour ;
Ma raison, mon ame, ma vie
Tout est au lieu de son séjour.
Mon seul plaisir, ma seule affaire
Est d'y songer à tout moment ;
Prononce-t-on ce nom charmant ?
Tout Etranger devient mon frere.

SANS espoir que ma voix l'attire,
Ma voix l'appelle tristement.
Je regarde, & mon cœur soupire
D'avoir appellé vainement.
Son nom, dans ce séjour sauvage,
Est gravé sur tous les Ormeaux ;
Il va croître avec leurs rameaux :
Mon amour croîtra davantage.

CXXVIII.

DE MANGENOT. (1)

(1) Chriſtophe Mangenot, frere de M. l'Abbé Man-

Si la Hallebarde
Je peux mériter,
Près du Corps-de-Garde
Je te fais planter ;
Ayant la dentelle,
Le foulier brodé,
La blouque à l'oreille
Le chignon cardé.

NARGUANT tes Compagnes,
Méprifant leurs vœux,
J'ai fait deux Campagnes
Roti de tes feux.
Digne de la pomme,
Tu reçus ma foi,
Et jamais rogome
Ne fut bu fans toi.

---

genot, du Temple, & auteur de plufieurs Chanfons du
même genre , mort en 1755. Celle-ci , que bien des
gens encore aujourd'hui croyent de M. de Voltaire, fut
faite dans le tems des Guerres de Flandre , en 1744.

TIEN, ſerre ma Pipe,
Garde mon briquet;
Et ſi la Tulipe
Fait le noir trajet,
Que tu ſois la ſeule
Dans le Régiment,
Qu'ait le brule-gueule
De ſon cher Amant.

AH ! retien tes larmes,
Calme ton chagrin;
Au nom de tes charmes
Achéve ton vin.
Mais, quoi ! de nos bandes
J'entends les Tambours ?
Gloire, tu commandes,
Adieu mes amours.

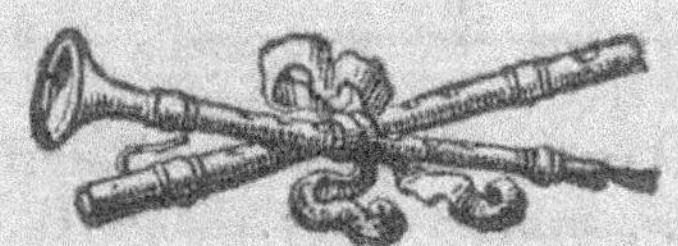

CXXIX.

DE FONTENELLE. (1)

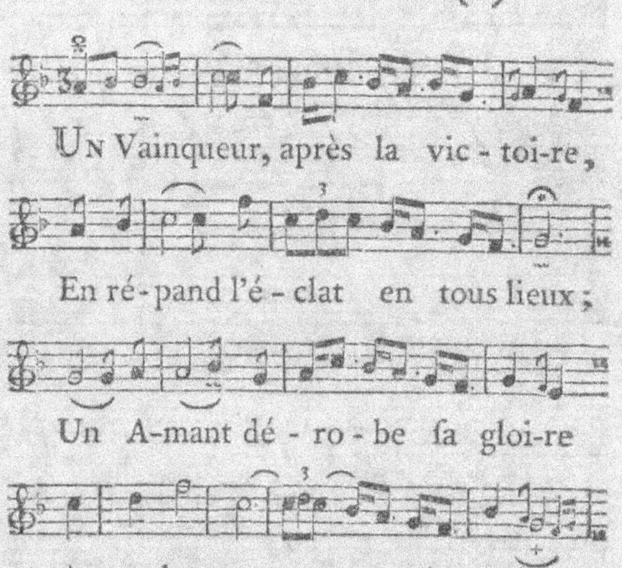

---

(1) Bernard le Bouvier de Fontenelle, né à Rouen le 11 Février 1657, mort à Paris le 9 Janvier 1757. Peu de momens avant d'expirer, ce qu'il fit sans laisser paroître la moindre trace de douleur, quelqu'un étonné de le trouver si calme, lui demanda ce qu'il sentoit : *l'Impossibilité de vivre.*

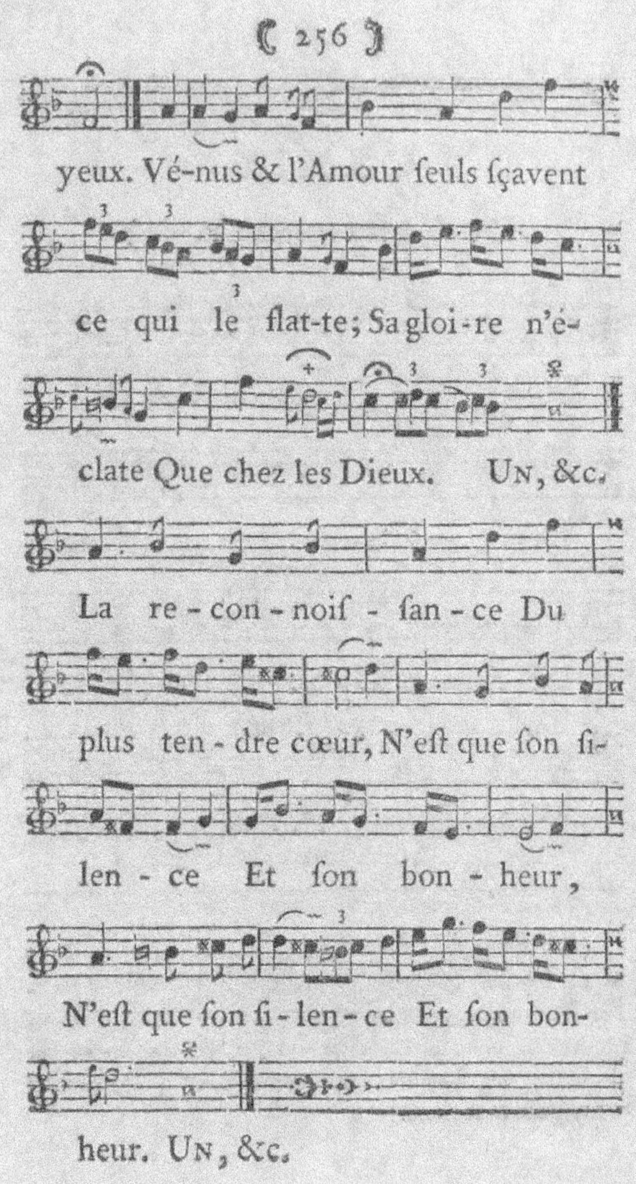

yeux. Vé-nus & l'Amour feuls fçavent
ce qui le flat-te; Sa gloi-re n'é-
clate Que chez les Dieux.   UN, &c.
La re-con-noif-fan-ce Du
plus ten-dre cœur, N'eft que fon fi-
len-ce Et fon bon-heur,
N'eft que fon fi-len-ce Et fon bon-

heur. UN, &c.

CXXX.

Du même. (1)

(1) Sur les Demoiselles *Loifon.* Voyez pag. 91.

Tome I.   R

CXXXI.

DE GALLET (1).

Air : *Monsieur en vérité, vous avez bien de la bonté.*

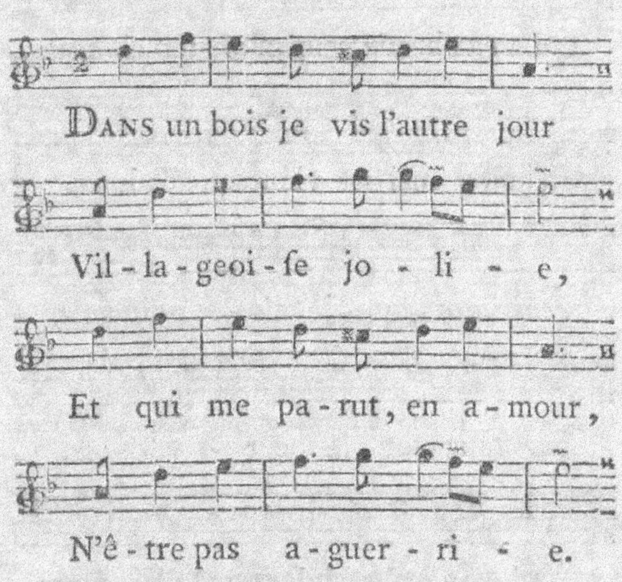

---

(1) Antoine Gallet, de Paris, mort en 1757, étoit Marchand Epicier. Il avoit fait de bonnes études, sçavoit très-bien notre langue, & même étoit Grammairien. Il étoit né plaisant, ami du plaisir & fort gai. On a de lui de très-jolis Vaudevilles dans le genre naïf où il excelloit.

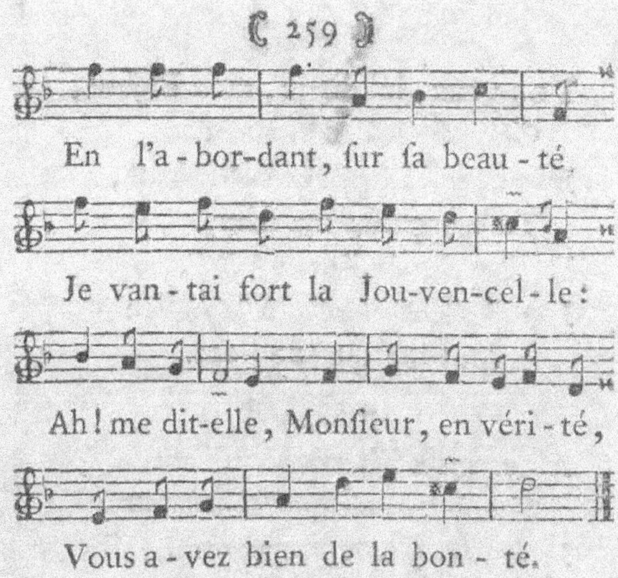

Il produifoit très-facilement, mais l'enjouement de fa Mufe dégénéroit fouvent en licence. Perfonne n'a plus contribué que lui, à perfectionner les Parodies des Airs détachés, & n'a mieux fait fentir le prix de la difficulté vaincue. Réduit à l'extrémité par une hydropifie pour laquelle il fouffrit fept à huit fois la ponction, il fit le Couplet fuivant, qu'on pourroit regarder comme fon Epitaphe.

Air : *Du Prévôt des Marchands*, noté pag. 41.

RIMEUR coupletant coupletier,
De Couplets j'ai fait mon métier.
Quoique la mort foit à ma porte,
Je rime, je couplete encor.
Si le Diable à la fin m'emporte,
Il faut que ce foit Couplegor.

TES yeux, lui dis-je, mon Enfant,
   Ont pénétré mon ame;
Je mourrai, si, dans cet instant,
   Tu n'appaises ma flâme.
De l'un & de l'autre côté,
J'applique un baiser à la belle :
   Ah ! me dit-elle, &c.

A ces mots, la reconnoissant
   Simple autant que charmante,
Je devins plus entreprenant,
   Elle plus complaisante.
Certes, m'écriai-je enchanté,
Cette gorge est d'une Pucelle :
   Ah ! me dit-elle, &c.

MA main, au gré de mes désirs,
   Et constante & volage,
Sur un sein fait pour les plaisirs
   Termine son voyage :
Que d'appas, dis-je transporté,
Ton joli Cotillon récelle !
   Ah ! me dit-elle, &c.

Asseyons-nous fur ce gazon,
  Lui dis-je, mon aimable.
Fort bien : Prends à préfent leçon
  D'un jeu tout agréable.
Pouffant à bout la liberté,
Je ne la trouvai point rebelle :
  Ah ! me dit-elle, &c.

Tous les deux dans l'étroit féjour
  Qu'habite *le* délice,
Nous préparions au Dieu d'Amour,
  Un ardent facrifice,
Quand fon petit cœur agité,
Fit tourner fa vive prunelle :
  Ah ! me dit-elle, &c.

Contens trois fois, nous nous quittons ;
  La Belle s'en afflige.
Souvent je viens en ces cantons,
  Confole-toi, lui dis-je ;
Demain, dans ce bois écarté,
Je te promets leçon nouvelle :
  Ah ! me dit-elle, &c.

CXXXII.

Du même.

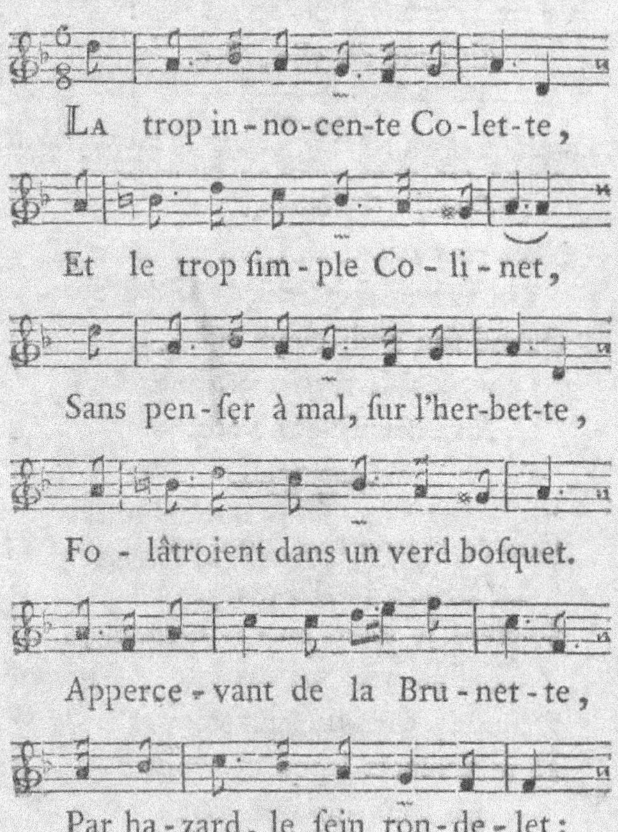

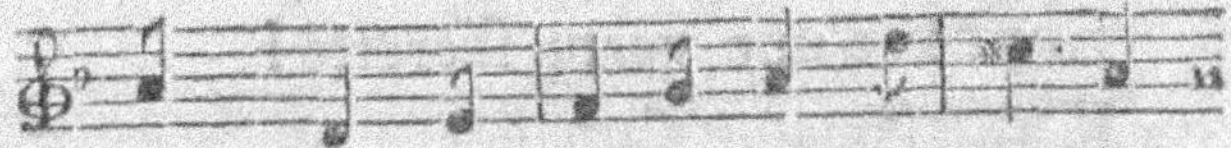

Voulant ſe défendre, Colette
Fit découvrir à Colinet
D'une cuiſſe ferme & doucette,
L'échantillon blanc comme lait.
Portant une main indiſcrette
Plus haut que ce nouvel objet…
Eh ! qu'eſt-ce que ceci, Colette,
Dit, émerveillé Colinet ?
　Comm' v'la qu'eſt fait ! *bis.*

EFFET d'une vertu fécrette !
Il s'arrête tout ftupéfait,
Au lieu d'où l'Amour en cachette
Contre lui lance un malin trait ;
Ce trait pénétrant fa pochette,
En fait fortir fon flageolet :
Eh ! dit bien furprife Colette,
Qu'eft-ce que ceci, Colinet ?
Comm' v'la qu'eft fait ! *bis.*

NATURE ne fut pas muette,
Et mit Colin d'abord au fait ;
Trois fois la Belle fatisfaite,
Le rend plus qu'elle fatisfait.
Touchant d'une main inquiéte
Le charme qu'elle méconnoît,
Eh ! dit en foupirant Colette,
Qu'eft-ce que cela Colinet ?
Comm' v'la qu'eft fait ! *bis.*

CXXXIII.

Du même.

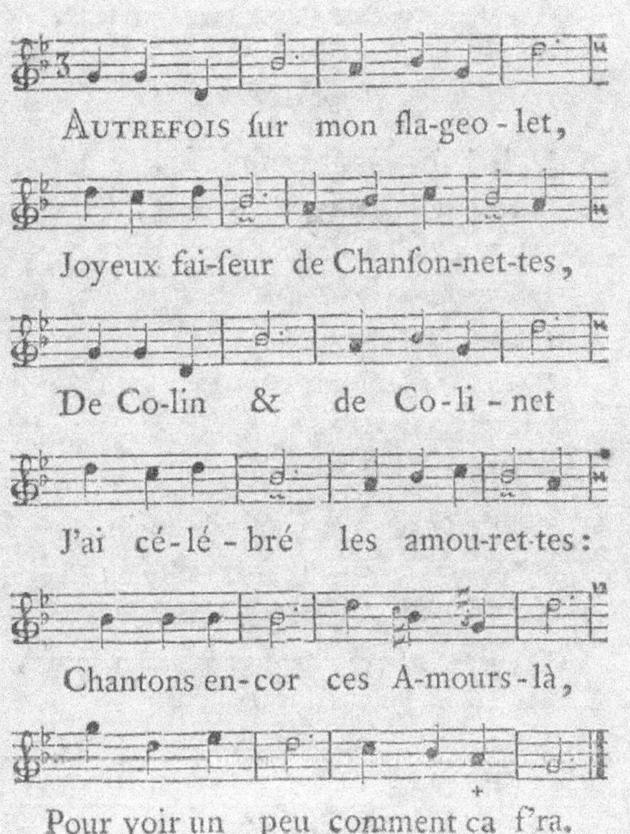

Il étoit sçavant en amour,
Elle étoit assez aguerrie ;
Son Berger la rencontre un jour,
Sous une Aube-épine endormie :
Parbleu, dit-il, embrassons-là,
Pour voir un peu comment ça f'ra.

Il la baise cinq ou six fois,
Sans que la belle se réveille ;
Voyant qu'un linge discourtois
Lui cache une double merveille :
Otons, dit-il, ce fichu-là,
Pour voir un peu comment ça f'ra.

Sans succès, il y met la main.
Faisons-lui, dit-il, autre chose :
Usons, pour l'éveiller enfin,
D'un moyen qu'Amour nous propose ;
De cette Epine piquons-là,
Pour voir un peu comment ça f'ra.

COMME elle dort ! Qui le croiroit !
Rien ne l'éveille, est-il possible ?
Mais je connois certain endroit,
Par où la Bergere est sensible.
Il faut toucher cet endroit-là,
Pour voir un peu comment ça f'ra.

ENCOR qu'elle ronflât bien haut,
La finette rioit sous cape.
Il croit sans doute le nigaud,
Se disoit-elle, qu'il m'attrape :
Dormons toujours sur ce ton-là,
Pour voir un peu comment il f'ra.

PUDEUR chez les Belles souvent
Sçait recourir au stratagême,
Et sous un sommeil apparent
Veut qu'on les attrape de même.
Amans, brusquez ces momens-là,
Pour voir un peu comment ça f'ra.

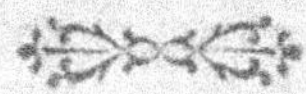

CXXXIV.

Du même.

BON jour, lui dit-il, Bergere ;
Bon jour, dit-elle, Berger.
Qu'il fait bon fur la fougere,
Ici près, dans ce verger !
Tous deux ils s'y rendirent :
    Daphnis s'affit,
    Philis s'affit,
Tous les deux ils s'affirent.

LE Berger, de Violettes
Fait un bouquet pour Philis ;
Philis, de tendres fleurettes
En prépare un pour Daphnis.
Tous deux ils fe l'offrirent :
    Daphnis le prit,
    Philis le prit.
Tous les deux fe le prirent.

Permets, dit-il, que je mette
Mon bouquet dans ton corset;
Du mien, lui dit la fillette,
Je veux orner ton bonnet :
Tous deux y consentirent.
Daphnis lui mit,
Philis lui mit,
Tous les deux se le mirent.

D'ÊTRE constante & fidelle,
Fais-moi, lui dit-il, serment :
Et toi, fais-le moi, dit-elle,
D'être fidele & constant.
Tous deux y consentirent :
Daphnis le fit,
Philis le fit,
Tous les deux se le firent.

CXXXV.

Du même.

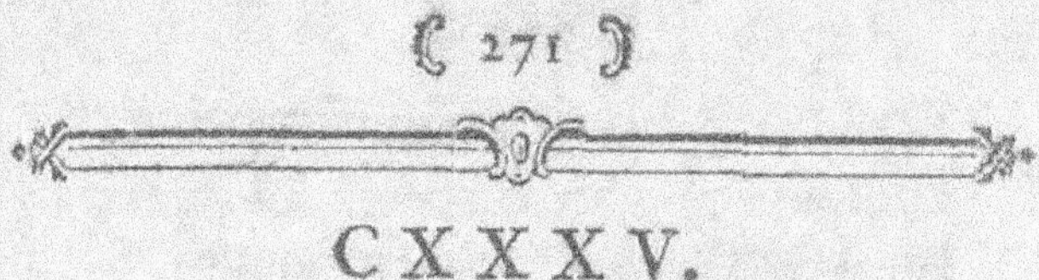

TIRCIS découvrit, non sans peine,
Un sein fait pour charmer les yeux;
En se défendant, hors d'haleine,
Iris le fit voir encor mieux.
Colas, se frottant la bedaine,
Dit, approchons & voyons ça :
  Il l'attrap'ra. *bis.*

TIRCIS, malgré la résistance
De la peu complaisante Iris,
Par une adroite violence,
Gagna le verger de Cypris.
Colas, avec concupiscence,
Dit, approchons & voyons-ça :
  Il l'attrap'ra. *bis.*

ENFIN, lasse de se défendre,
Iris tomba sur le gazon;
Tircis, en amant vif & tendre,
Mit à profit l'occasion.
Colas, craignant de se méprendre,
Dit, approchons & voyons ça :
  Morgué l'y v'là. *bis.*

CXXXVI.

Du même.

Air : *La Calottine.*

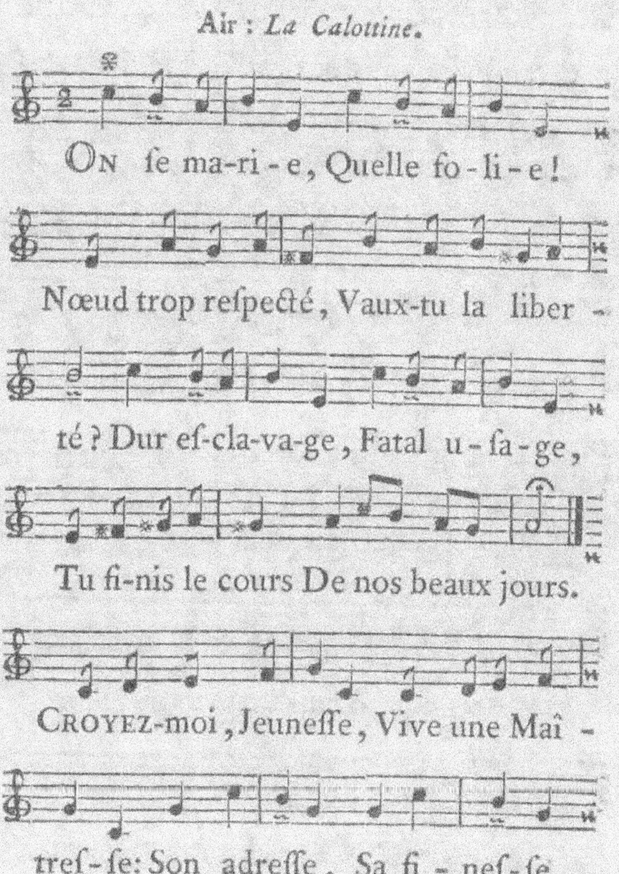

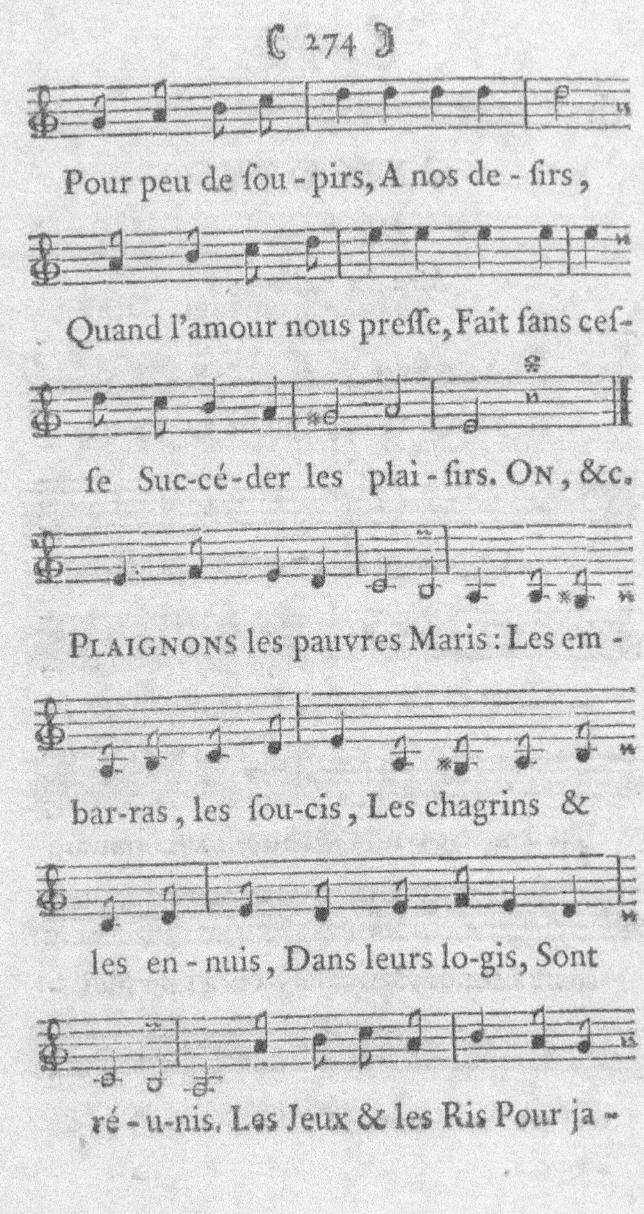
Pour peu de fou - pirs, A nos de - firs,
Quand l'amour nous preffe, Fait fans ceffe Suc-cé-der les plai - firs. On , &c.
PLAIGNONS les pauvres Maris : Les em -
bar-ras , les fou-cis , Les chagrins &
les en - nuis , Dans leurs lo-gis, Sont
ré - u-nis. Les Jeux & les Ris Pour ja -

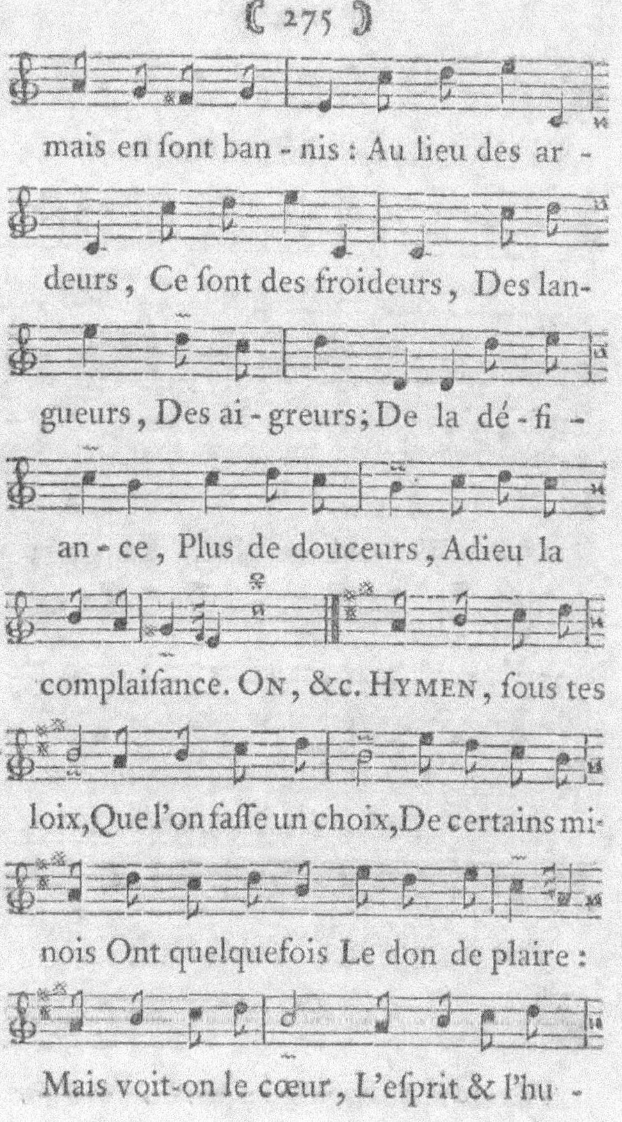
mais en font ban - nis : Au lieu des ar -
deurs, Ce font des froideurs, Des langueurs, Des ai - greurs; De la dé - fi -
an - ce, Plus de douceurs, Adieu la
complaifance. ON, &c. HYMEN, fous tes
loix, Que l'on faffe un choix, De certains mi-
nois Ont quelquefois Le don de plaire:
Mais voit-on le cœur, L'efprit & l'hu -

meur ? Non , l'on a beau fai - re, Toute
fille à l'air trompeur. D'amour trop é -
pris , L'on eft furpris ; Monfieur le No -
tai - re Ter - mi - ne l'af - fai - re ;
Mais le marché fait, Le tré-buchet
Fer - me tout net ; Ni - gau - di - net
Pris au go - bet A bien-tôt son pa -
quet. Que de déchet ! L'objet, Plaifoit ,

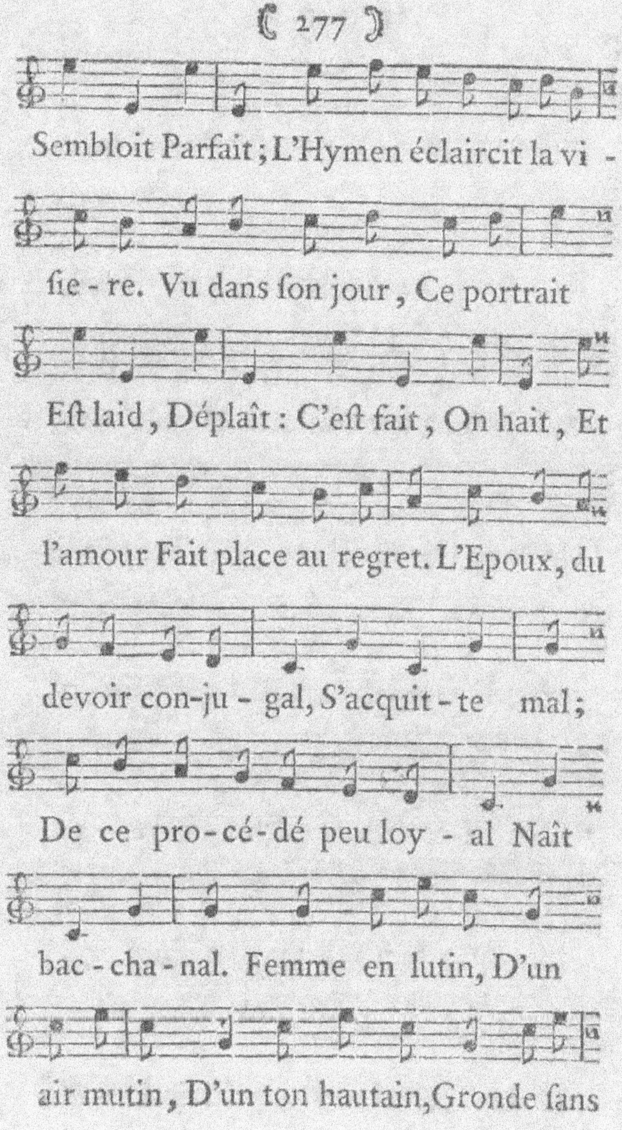

Sembloit Parfait ; L'Hymen éclaircit la vi -
sie - re. Vu dans son jour, Ce portrait
Est laid, Déplaît : C'est fait, On hait, Et
l'amour Fait place au regret. L'Epoux, du
devoir con-ju - gal, S'acquit - te mal ;
De ce pro-cé-dé peu loy - al Naît
bac - cha - nal. Femme en lutin, D'un
air mutin, D'un ton hautain, Gronde sans

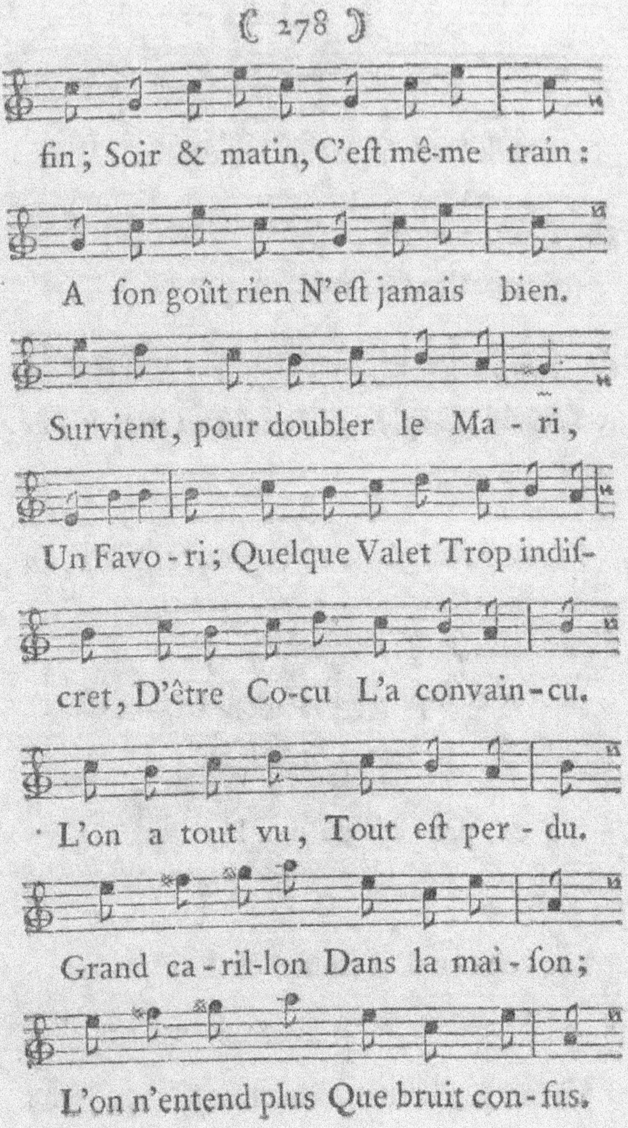

fin ; Soir & matin, C'est mê-me train :

A son goût rien N'est jamais bien.

Survient, pour doubler le Ma - ri,

Un Favo - ri ; Quelque Valet Trop indif-

cret, D'être Co-cu L'a convain-cu.

L'on a tout vu, Tout est per - du.

Grand ca - ril-lon Dans la mai - fon ;

L'on n'entend plus Que bruit con-fus.

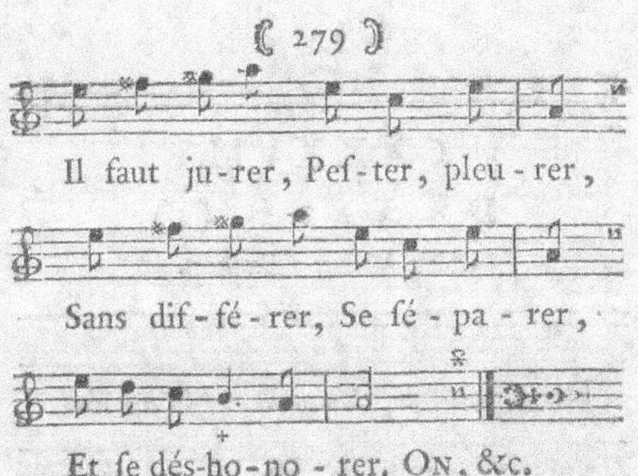

Il faut ju-rer, Pef-ter, pleu-rer,
Sans dif-fé-rer, Se fé-pa-rer,
Et fe dés-ho-no-rer. On, &c.

CXXXVII.

DE VADÉ. (1)

Air : *Menuet d'Exaudet.*

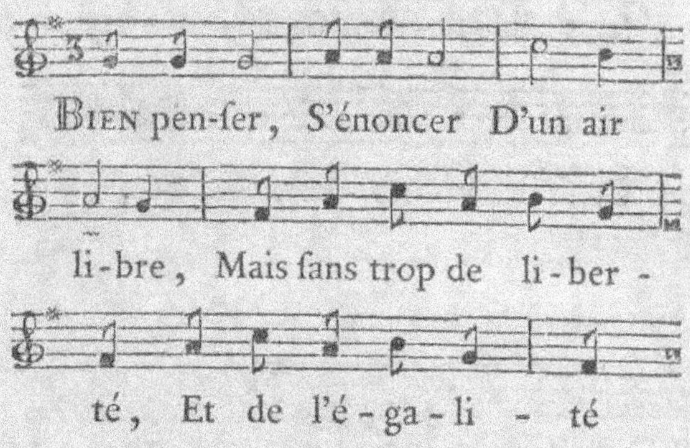

---

(1) Jean-Joseph Vadé, de Ham en Picardie, mort en
1757, n'avoit fait aucunes études, & chez lui par conséquent l'art n'avoit pû rien ajouter à la nature. Il avoit même
très-peu lû, tiroit presque tout de lui-même, & ne devoit
rien qu'au fond de gayeté que respirent toutes ses productions. Il est le Coryphée d'un genre tenté quelque tems
avant lui, mais auquel il a sçu donner toute la perfection
dont il étoit susceptible. C'est le Comique du bas peuple,
ce sont les Grotesques de Calot mis fort heureusement en
action & rendus avec une naïveté singuliere sous le langage poli des Halles. Vadé, mort jeune, s'est fait regret-
ter par les qualités sociales & par l'exacte probité qui le
rendoient d'un commerce agréable & sûr.

Con - ser - ver l'é - qui - li - bre ;
O - bli - ger , Sans songer Qu'on o -
bli - ge ; Im-moler sa vo-lon - té ,
Quand la so-ci-é - té L'e-xi-ge.
Se prê - ter , quand on rai-son - ne ,
Aux rai-sons que l'on nous don-ne ,
Faisant voir Leur pouvoir Sur les nôtres :
On a de l'es-prit, On plaît ,

Dès que l'on ſa - tis - fait Les autres.
Poſ - ſé - dant Le ta - lent D'être ai -
ma - ble , Joindre aux pe - ti - tes gaî -
tés Les grandes qua - li - tés
Qui ren-dent eſ - ti - ma - ble ;
A - mu - ſer, Sans u - ſer D'E - pi -
gramme : Tel qui rit d'un trait lancé ,
En eſt toujours bleſ - ſé dans l'a-me.

CXXXVIII.

Du même.

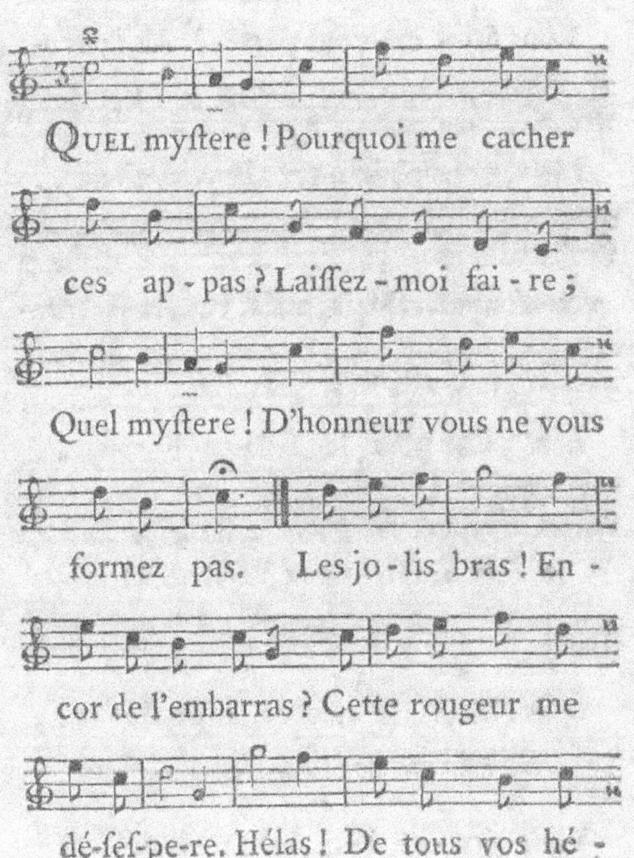

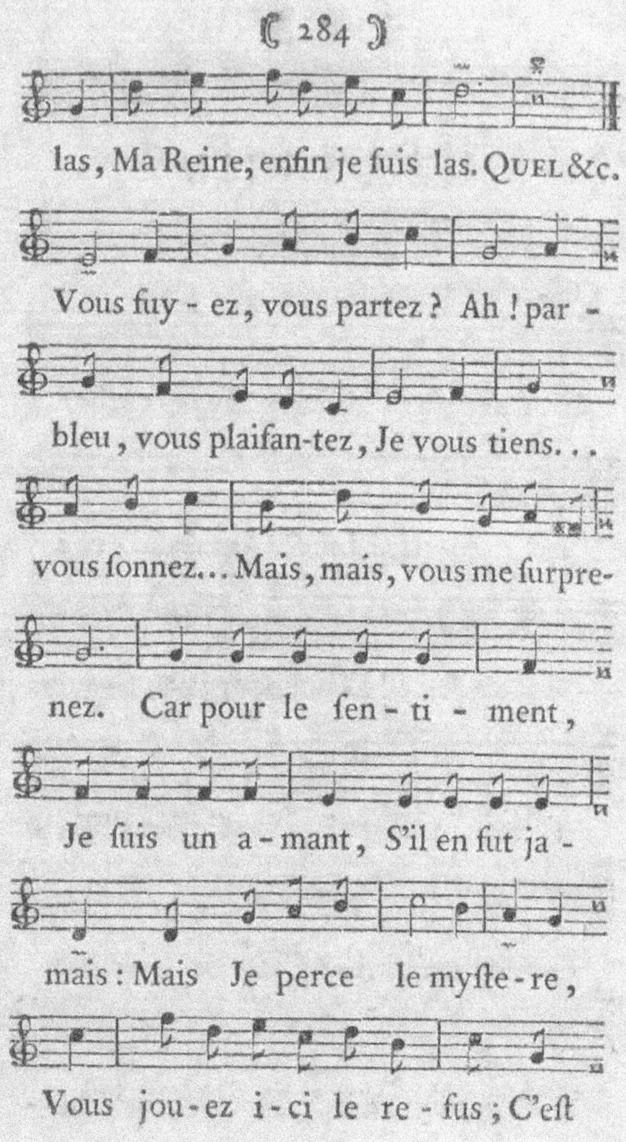
las, Ma Reine, enfin je suis las. QUEL &c.
Vous fuy - ez, vous partez ? Ah ! par -
bleu, vous plaifan-tez, Je vous tiens. . .
vous fonnez... Mais, mais, vous me furpre-
nez.   Car pour le fen - ti - ment,
Je fuis un a - mant, S'il en fut ja -
mais : Mais   Je perce   le myfte - re,
Vous jou-ez i-ci le re - fus ; C'eft

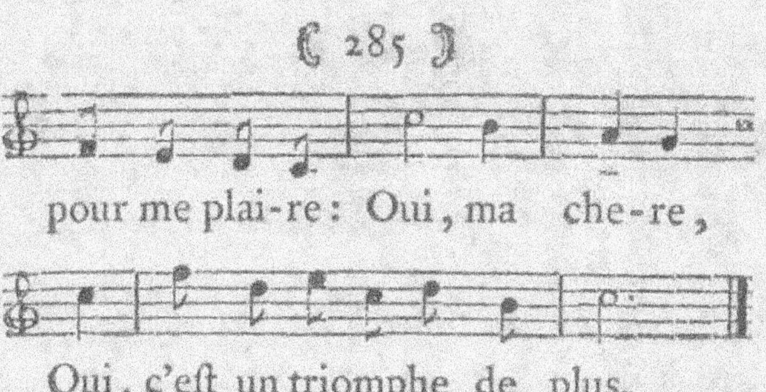

pour me plai-re : Oui , ma che-re ,
Oui , c'est un triomphe de plus.

CXXXIX.

Du même.

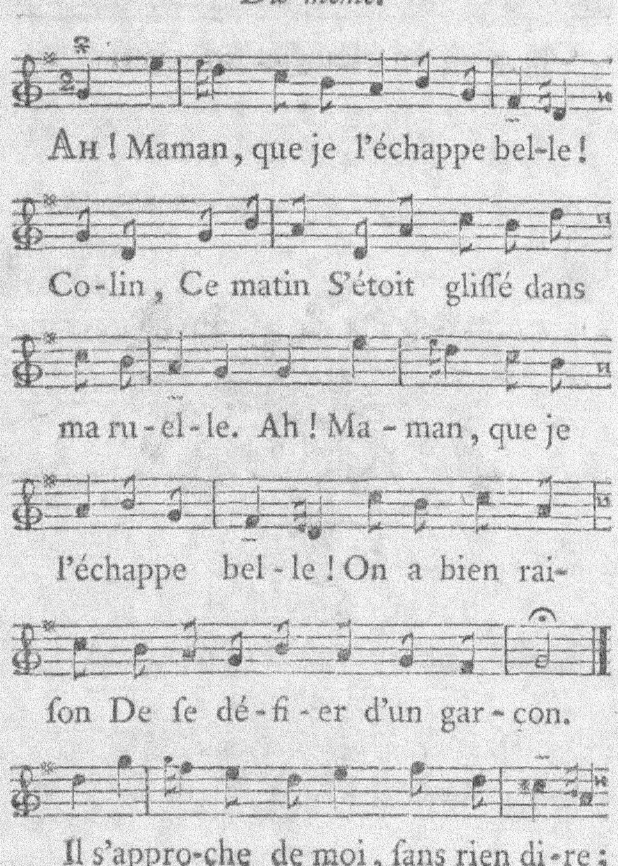

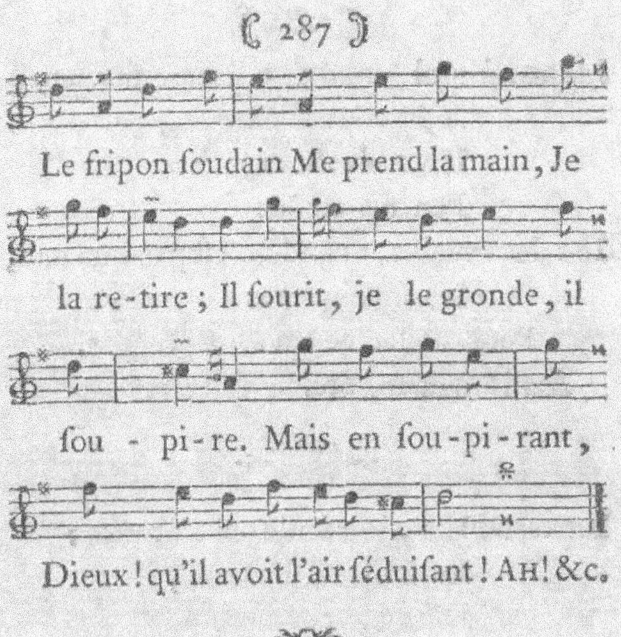

Il pourfuit, je m'étonne, il m'embraffe ;
Un prudent effort,
De fon tranfport
Me débaraffe :
Mais voyant redoubler fon audace,
J'avois bien regret
De n'avoir pas mis un corfet.
AH ! Maman, &c.

MALGRÉ moi, mon sein frappe sa vûe,
Je le couvre en vain,
Il va plus loin,
J'en fus émûe :
Les deux mains, quand on est presque nue,
Ne suffisent pas
Pour voiler ce qu'on a d'appas.
AH ! Maman, &c.

EN tremblant, je recule, il s'avance :
Le traître à l'instant,
D'un air content,
Sur moi s'élance.
Son ardeur forçoit ma résistance ;
Mais le Suborneur
S'enfuit voyant entrer ma sœur.
AH ! Maman, &c.

C X L.

Du même.

Air : *Musette de Naïs.*

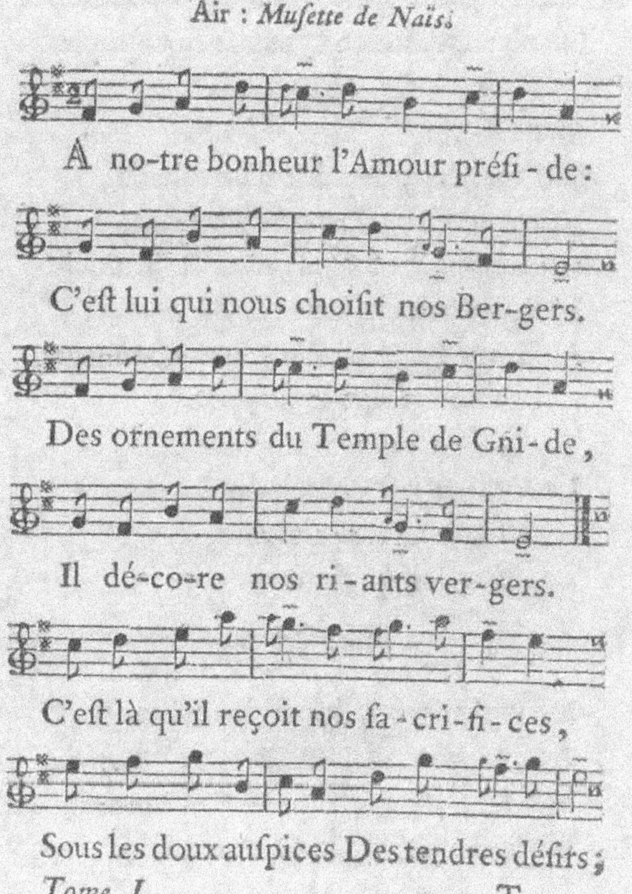

Tome I.   T

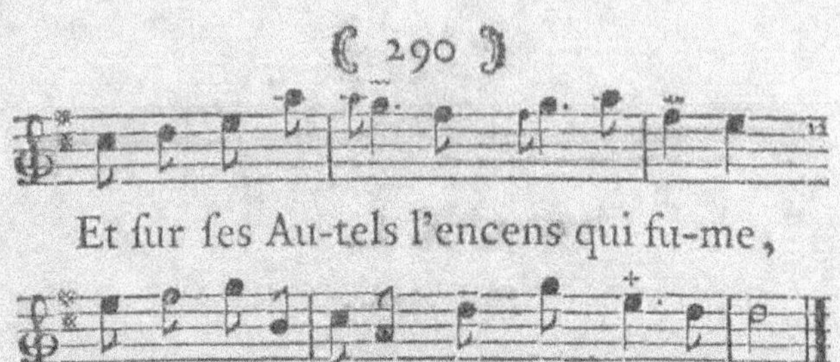

Jamais ne s'allume Que par nos foupirs.

Du fragile agrément d'être belle,
Nous ne tirons point de vanité ;
Chez nous les attraits d'un cœur fidele
L'emportent fur ceux de la beauté.
Auffi nos Bergers, dans leur hommage,
N'ont point le langage
Des trompeurs Amans ;
Leur talent eft de peindre à notre ame
Leur fincere flamme,
Par les fentimens.

Nous ignorons les triftes allarmes,
Aux tourmens notre cœur eft fermé ;
Si notre Berger répand des larmes,
C'eft du plaifir de fe voir aimé.

Plus il est sûr de notre tendresse,
    Et plus il s’empresse
    De la mériter ;
Le feu délicat qui nous anime,
    Nourri par l’estime
    Ne fait qu’augmenter.

Aux douceurs d’une juste espérance
Un Berger constant peut se livrer ;
L’instant vient où notre résistance
Dans de vrais plaisirs doit expirer.
Mais l’Amant à qui l’on rend les armes,
    Des vives allarmes
    Sçait nous préserver ;
Et plus ardent après la victoire,
    Il trouve sa gloire
    A la conserver.

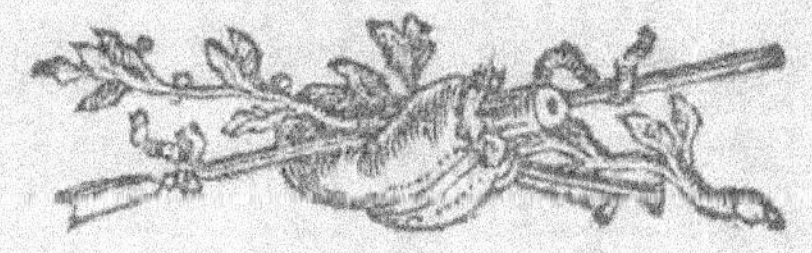

C X L I.

Du même.

(1) Place forte du Brabant Hollandois, priſe par les François, le 16 Septembre 1747.

Spinola, (1) près de Lowendal, (2)   *bis*
N'eſt morgué qu'un zéros de bal :   *bis*
L'un mollît devant la Pucelle,
L'autre entre & fait ſon lit cheuz elle.

Tien ſarpegué, rien que ſon nom   *bis*
Fit autant d'effet que l'canon :   *bis*
C'eſt qu'dans c'te famill' là, l'courage
Eſt l'pus fort de leur héritage.

Le Roi qu'à vraiment l'cœur royal,   *bis*
Tout d'ſuit' vous l'a fait Maréchal : *bis*
Dam' vis-à-vis un Roi qui penſe
Le mérite à d'la récompenſe.

---

(1) Ambroiſe Spinola, Général des Armées d'Eſpagne, qui fut obligé d'en lever le ſiége en 1622, ſous Philippe III.

(2) Woldemar, Comte de Lowendalh, Général de l'Armée de France, mort le 27 May 1755.

J'n'ay rien, mais c'est assez pour moy, *bis*
Qu'un seul regard de notre Roy.   *bis*
Quand l'soleil donne sur un' plante,
Ses rayons la rendent vivante.

Dans c'te Chanson gn'y a guer' d'esprit, *bis*
Mais le cœur sçait bien ce qu'il dit;   *bis*
Et pis souvent tel qui nous gouaille,
En biau styl' ne dit rien qui vaille.

CXLII.

DE PLUMETEAU. (1)

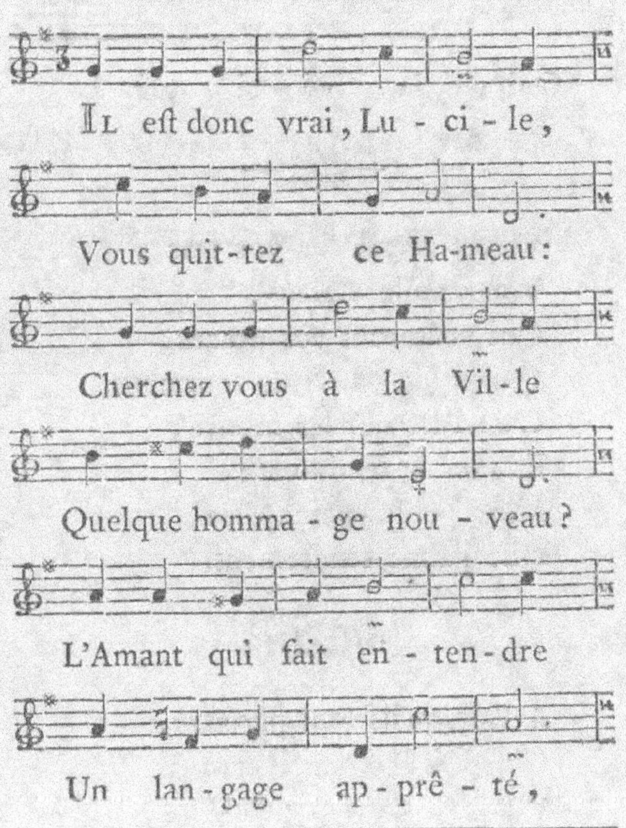

---

(1) Antoine - Jean Gigault de Plumeteau, Gentilhomme ordinaire du Roi, mort en 1758.

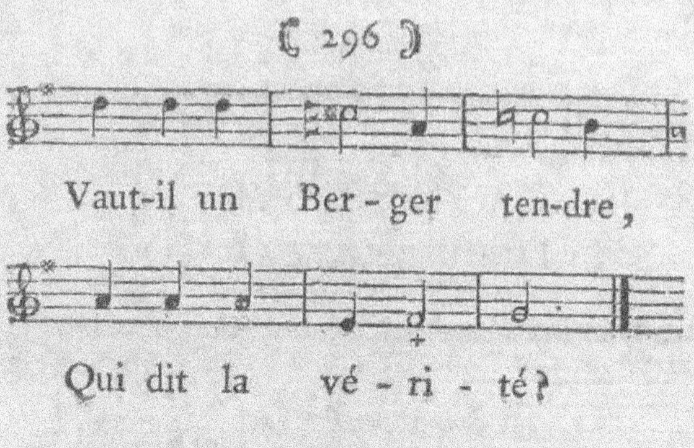

Vous verrez fur vos traces
Voler mille Galans,
Qui vanteront vos graces,
Qui peindront leurs tourmens,
C'eſt l'art qui les inſpire,
Et non le ſentiment :
Moi, j'oſe à peine dire
Que j'aime tendrement,

A l'air qu'ils font paroître,
Quand ils offrent leur foi,
Vous les croiriez peut-être,
Auſſi tendres que moi;

Leur vanité , Bergere ;
Allume tous leurs feux :
Je n'ai ni l'art de plaire
Ni de tromper comme eux.

CXLIII.

DE LA TOUR. (1).

Air : *Que je regrette mon Amant* , noté pag. 109.

QUAND vous venez dans nos Vergers,
Voyez les maux que vous y faites :
Vos yeux font mourir les Bergers,
Et votre gozier les Fauvettes.
Qui chantera donc le Printems ,
S'il n'eſt plus d'Oiſeaux ni d'Amans ?

---

(1) C'eſt ce M. De la Tour , qu'on nommoit le *Beau Berger* , & dont nous n'avons pû ſçavoir autre choſe. Il fit ce Couplet pour une Dame de grande diſtinction. Mort en 1759.

CXLIV.

DE CRÉBILLON. (1)

Air : *Adieu donc, cher la Tulippe !*

(1) Profper Jolyot de Crébillon, de Dijon, l'Efchile françois, auteur de *Rhadamifte*, *d'Electre*, &c. & de l'Académie françoife, mort en 1762.

CXLV.

DE LA POPELINIERE. (1)

---

(1) Alexandre le Riche de la Popeliniere , Fermier général , mort en 1762. Il avoit fait quelques Comédies de fociété qui n'ont pas vû le jour.

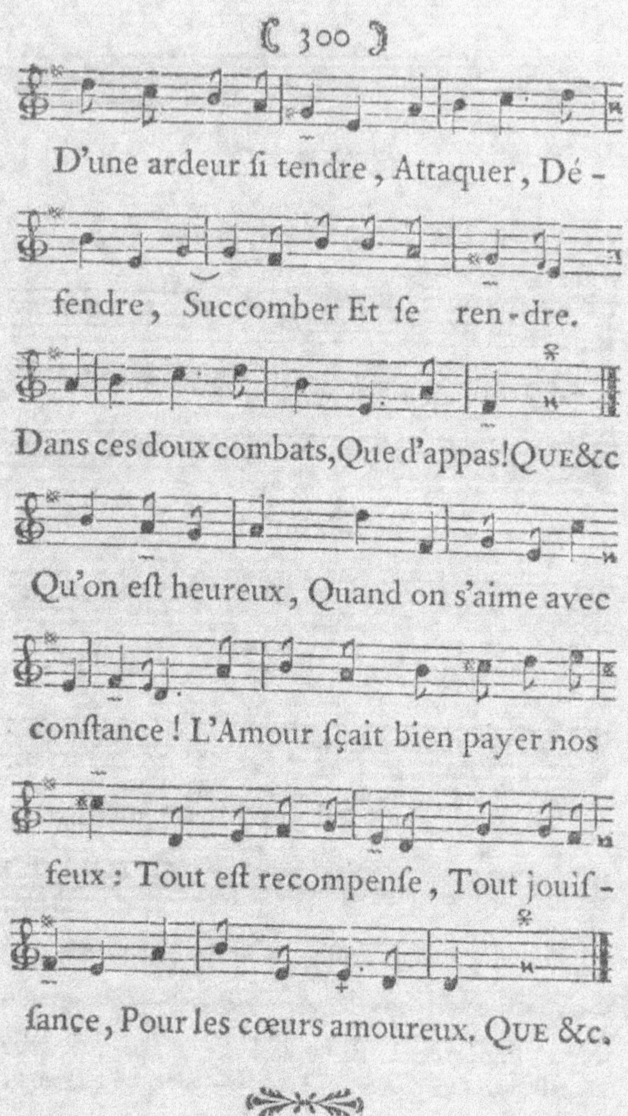
D'une ardeur si tendre, Attaquer, Dé -
fendre, Succomber Et se ren - dre.
Dans ces doux combats, Que d'appas! QUE &c
Qu'on est heureux, Quand on s'aime avec
constance ! L'Amour sçait bien payer nos
feux : Tout est recompense, Tout jouis-
sance, Pour les cœurs amoureux. QUE &c.

CXLVI.

Du méme.

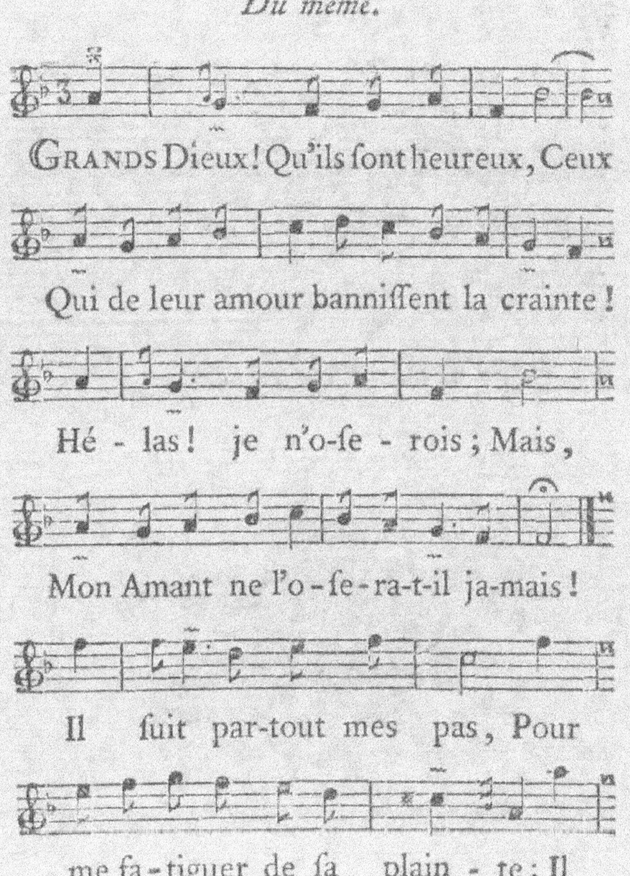

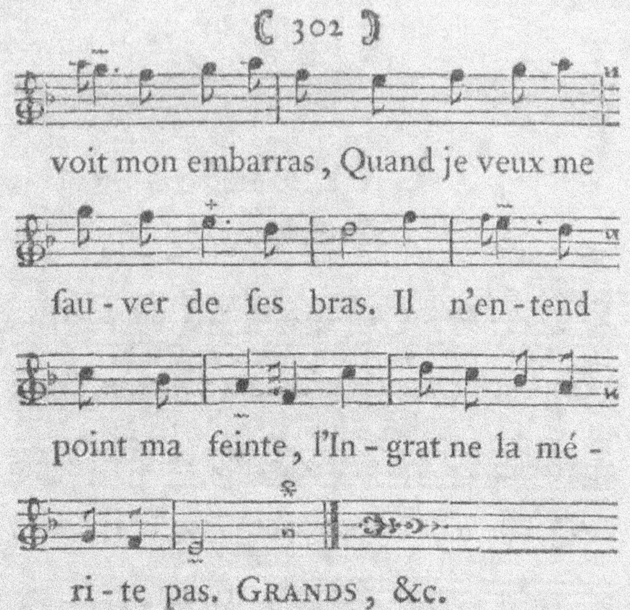

voit mon embarras , Quand je veux me
fau - ver de fes bras. Il n'en - tend
point ma feinte , l'In - grat ne la mé -
ri - te pas. GRANDS , &c.

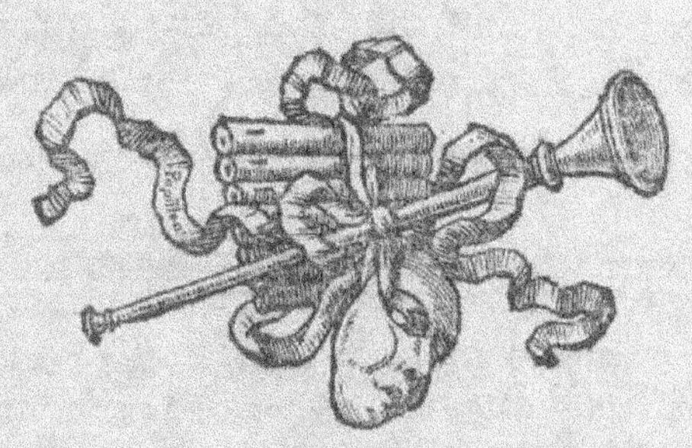

CXLVII.

DE L'ABBÉ PREVOST. (1)

Air : *La trop innocente Colette*, ou
Comm' v'là qu'est fait, noté pag. 262.

SUR le prix de ta gentillesse,
Lise, ne va pas tracasser ;
Fille à quinze ans, qui se redresse,
Voudroit à trente caresser.
Jadis certain Sage de Grece (2)
Vint à Laïs, pour l'embrasser :
La Dame tint trop sur l'espéce.
Oh ! bien, dit-il, faut s'en passer,
   N'yà qu'a m'laisser,
   N'yà qu'a m'laisser.

---

(1) Antoine-François Prevost d'Exilles, Aumonier
de M. le Prince de Conti, auteur de l'espéce de Journal qu'on appelloit le *Pour & Contre*, de plusieurs Romans très-connus, & de l'Histoire des Voyages, mort
en 1763.

(2) C'étoit Démosthène, & son mot fut : *Qu'il n'aché-
toit pas si cher un repentir.*

CXLVIII.

Du même.

Même Air.

QUE notre ignorance est extrême !
Toujours douter, est notre lot ;
Le flambeau de la raison même
N'est pour nous qu'un foible falot.
Sans sçavoir ni pourquoi ni comme
On naît, on meurt presqu'aussitôt.
L'homme est une enigme pour l'homme;
Quand on veut en chercher le mot,
  On est tout sot,
  On est tout sot.

CXLIX.

DE ROI. (1)

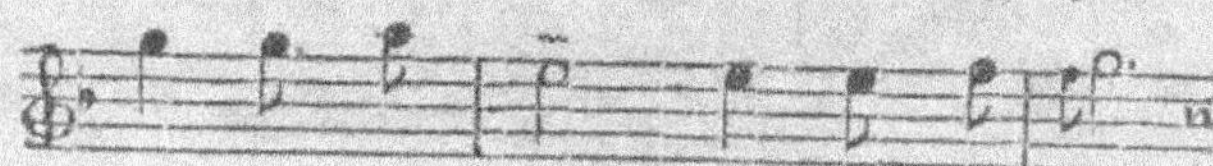

---

(1) Pierre-Charles Roi, de Paris, Poëte Lyrique, auteur de l'ingénieux Ballet des *Elémens*, de celui des *Sens* & de la Tragédie de *Callirhoé*, mort en 1764.

Tome I. U

Il est doux d'é-ga-rer sa rai -
son & son a-me, Il est doux
d'é - ga - rer sa rai - son
& son a - me! VERSEZ, &c.

C L.

Du même.

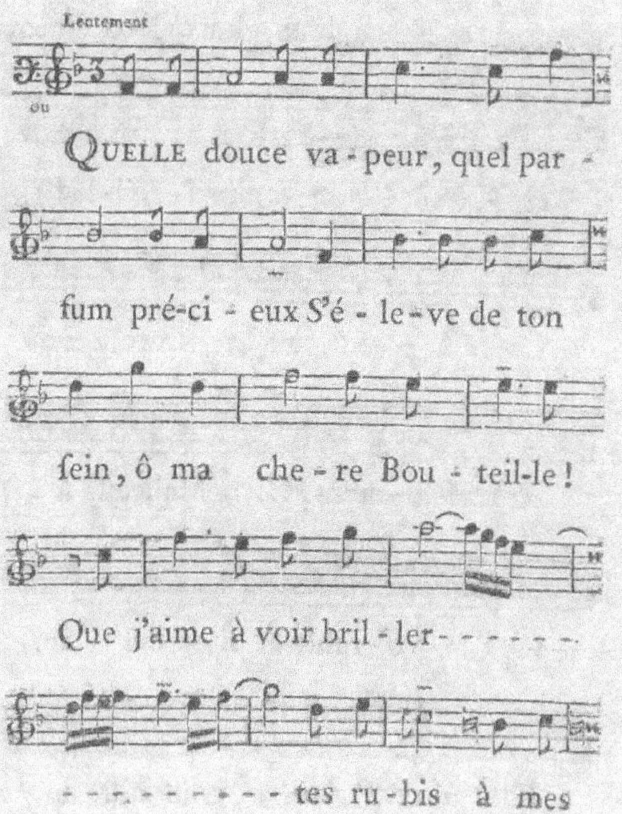
Lentement
ou
QUELLE douce va-peur, quel par-
fum pré-ci-eux S'é-le-ve de ton
sein, ô ma che-re Bou-teil-le !
Que j'aime à voir bril-ler - - - - - -
- - - - - - - - - - tes ru-bis à mes

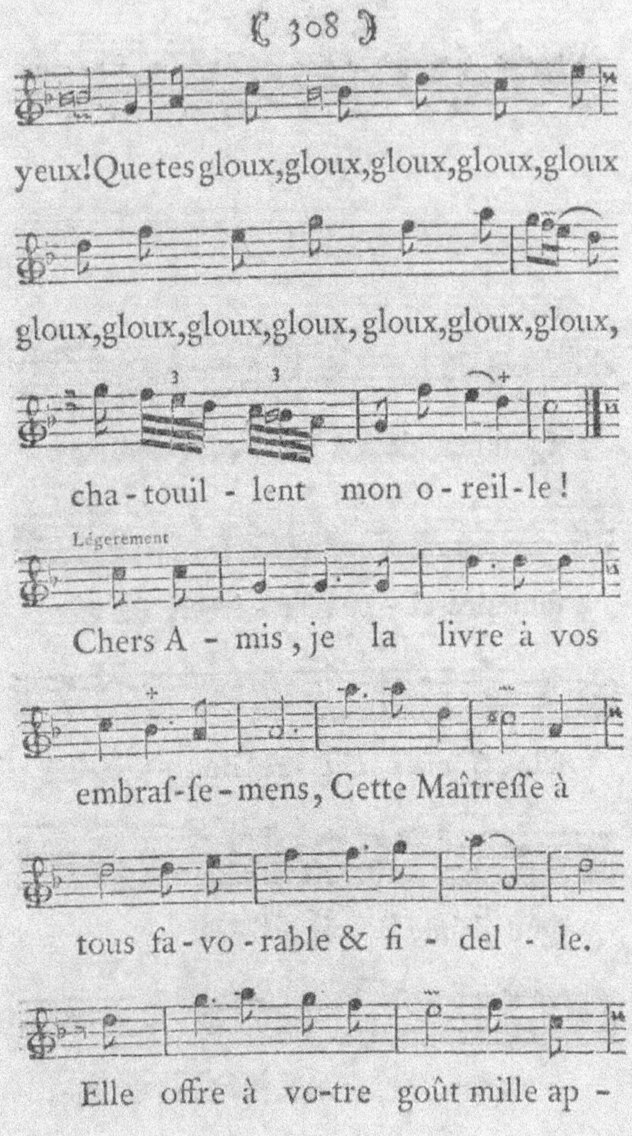
yeux! Que tes gloux, gloux, gloux, gloux, gloux
gloux, gloux, gloux, gloux, gloux, gloux, gloux,
cha - touil - lent mon o - reil - le !
Légerement
Chers A - mis , je la   livre à vos
embraſ-ſe - mens , Cette Maîtreſſe à
tous fa - vo - rable & fi - del - le.
Elle offre à vo-tre goût mille ap -

pas re-naiſ-ſans : E-prou-vez a-vec
moi qu'on ne trouve qu'en elle Le tri -
om - - - - - - - - - - - - phe de
tous les ſens ; E-prou-vez a - vec
moi qu'on ne trouve qu'en el-le Le tri -
om - - - - - - - - -
Lentement
- - - phe de tous les ſens , Le tri -

om -,
- - - phe   de tous les   fens.

TABLE ALPHABÉTIQUE

DES

CHANSONS

Contenues dans ce Volume.

A

PAG.

B

C

D

T

U

V

Fin de la Table.